Stephen Batchelor · Mit andern allein

Stephen Batchelor

Mit andern allein

Eine existentialistische Annäherung an den Buddhismus

Mit einem ergänzenden Essay „Flucht"
von Stephen Batchelor
und einem Vorwort von John Blofeld

Theseus Verlag

Übertragen aus dem Englischen von Claudia Wellnitz
Lektoriert von Michael Schaeffer

© 1983 by Stephen Batchelor
Die Originalausgabe: Alone With Others.
An existential Approach to Buddhism
erschien bei Grove Weidenfeld, New York

© 1982 by Stephen Batchelor
Die Originalausgabe: Flight.
Erschienen bei Buddhist Publication Society, Kandy, Sri Lanka

Introduction copyright © 1983 by John Blofeld

© der deutschen Ausgabe 1992 Theseus Verlag Zürich München
Alle Rechte vorbehalten

Umschlaggestaltung: Eugen Bisig, Zürich
Herstellung: gwd Hans Venus GmbH, München
Buchbinder: Wagner, Landsberg am Lech
Gedruckt auf chlor- und säurefreiem Papier
Printed in Germany
ISBN 3-85936-060-4

Für meine Mutter

Danksagungen

Ich möchte den folgenden Personen meinen Dank aussprechen, da sie auf die eine oder andere Weise zur Fertigstellung dieses Werkes beigetragen haben:

S. H. d. XIV. Dalai Lama; Geshe Rabten; Geshe Ngawang Dargyey; den Studenten von Rabten Chöling, Zentrum für tibetische Studien, Schweiz; Anne Ansermett; Dora Kalff; Richard Gassner; dem Tibetischen Zentrum, Hamburg; Professor Herbert V. Guenther; Dr. David Michael Levin; John Blofeld und Hannelore Rosset.

Vorwort

Als ich gebeten wurde, dieses Vorwort zu schreiben, fühlte ich mich, aufgrund meines tiefen Respekts für die Gelehrsamkeit des Autors, zunächst wirklich geehrt. Dennoch war meine erste instinktive Reaktion Ablehnung. Ich wollte nicht viel Zeit mit einem Buch verbringen, das, so dachte ich zunächst, einfach durch das, was es ist, größtenteils negative Reaktionen in mir hervorrufen würde. Anstandshalber fühlte ich mich jedoch verpflichtet, das Buch wenigstens einmal zu überfliegen. Zu meiner Überraschung führte diese flüchtige Betrachtung aus Höflichkeit dazu, daß ich jeden Absatz mit Sorgfalt las und unfähig war, das Buch beiseite zu legen, bevor ich das reichhaltige Festessen in einer Sitzung verschlungen hatte. Mein Abendessen stand vergessen und kalt auf dem Tisch, so unmöglich war es, eine Aufgabe zu unterbrechen, die so angenehm, aufregend und in gewisser Weise wunderbar war!

Mein anfängliches Zögern ergab sich aus meiner persönlichen Reaktion auf eine Anzahl von Büchern, die in die Kategorie zeitgemäßer Darstellungen der traditionellen buddhistischen Lehren fallen. Es gibt natürlich viele davon, die mir längst nicht alle bekannt sind; aber die meisten, die ich gelesen (oder durchgeblättert) habe, haben mich schokkiert und fast einen „unbuddhistischen" Anfall von Ärger hervorgerufen. Viele dieser Bücher reduzieren das Buddha-Dharma auf das, was Stephen Batchelor so treffend als „nebulösen Eklektizismus" bezeichnet. Einige Werke, einschließlich derer bestimmter gelehrter buddhistischer Wissenschaftler, benutzen einen – für die meisten Leute fast unverständlichen – grotesken Jargon. Dieser wurde in jüngster Zeit entwickelt, um den neuesten Ideen im Zusammenhang mit der sogenannten „neuen Wissenschaft" Ausdruck verleihen zu können, die angeblich unser Wissen über die Funktionsweisen des menschlichen Geistes fördern sollen. Um es noch schlimmer zu machen, benutzen diese ansonsten bewundernswerten Gelehrten ein Kauderwelsch, um die Bedeutung althergebrachter tibetischer, chinesischer und sanskritischer Sätze und Vorstellungen wiederzugeben. (Ist es nicht unstatthaft, alte poetisch ausgedrückte Vorstellungen mit neu geprägten Begriffen wiederzugeben, die im Vergleich zu den wohlklingenden Originalen recht ungeschliffen klingen und ja auch speziell entwickelt wurden, um Vorstellungen auszudrücken, die den alten Verfassern unbekannt waren?) Eine andere Überlegung, die mich veranlaßt hat, die Versuche, den Buddhismus in zeitgemäßer Verkleidung zu präsentieren, mit Vorsicht zu betrachten, ist die, daß Reformer so oft, auch wenn ihre Absichten noch so gut sind, das „Kind mit dem Bade ausschütten" und Wertvolles, zusammen mit Überflüssigem, hinwegfegen.

Trotz dieser Zweifel war ich mir bewußt, daß Stephen Batchelor eine bemerkenswerte Persönlichkeit ist, eine Art von Mensch, die man nicht so oft findet. Er hat Tibetisch auf die harte Tour gelernt und sich durch schwierige tibetische Texte hindurchgekämpft. Er hat Tag für Tag stundenlangen mündlichen Ausführungen gelehrter Tibeter zugehört, die, obwohl sie höchst wertvoll und aufschlußreich sind, oft in einer Form dargebracht werden, die dem Schüler ein großes Maß an Geduld und Entschlossenheit abverlangt. Er besitzt außerdem die Gabe, schwierige östliche Vorstellungen in klarem Englisch darzustellen, und hat eine Ausbildung hinter sich, die es ihm ermöglicht, den strengen Anforderungen, die an einen guten Gelehrten gestellt werden, gerecht zu werden. Ganz besonders hat mich seine Übersetzung von Shanitdevas *Bodhisattvacaryavatara (Ein Wegführer zur Lebensweise eines Bodhisattvas)* beeindruckt. Sie ist eines der wichtigsten Werke unter den englischen Übersetzungen buddhistischer Texte und hat eine unauslöschbare Spur in meinem Geist hinterlassen.

All dies hätte genug sein sollen, meine Zweifel zu zerstreuen, aber damals war ich mir über den Zweck dieses neuen Werkes nicht im klaren. Bestimmte zentrale buddhistische Vorstellungen sollten mit Hilfe der von den Exponenten der existentialistischen (vor allem christlichen) Religion und Philosophie entwickelten Terminologie und Methodik dargestellt werden. Die Werke von Heidegger, Tillich, MacQuarrie und ihren Kollegen sind jedoch im Betondschungel von Bangkok nicht zu finden. Da ich sie nicht kannte, fürchtete ich mehr Kauderwelsch. Ich fürchte auch, daß solch ein Buch sich nur als ein neues Beispiel dafür herausstellen würde, daß diejenigen, die eigentlich das Verständnis zwischen den verschiedenen Religionen fördern möchten, dabei – ohne es zu beabsichtigen – die verschiedenen Traditionen verfälschen, indem sie sie gleichschalten und den Eindruck vermitteln, daß es mehr Gemeinsamkeiten gibt, als in Wirklichkeit vorhanden sind. Glücklicherweise wurden diese Befürchtungen bei meinem Studium der Schrift bald zerstreut: Kein Kauderwelsch, keine Verfälschung buddhistischer Lehren, sondern eine Neuformulierung der Lehren in Begriffen, die geeignet sind, Leser anzusprechen, die ansonsten nicht geneigt wären, sich mit dem Buddhismus zu befassen, da er ihnen „fremd" vorkommt und *scheinbar* von ihrem eigenen Leben zu weit entfernt ist.

Ich selbst habe fast mein gesamtes Leben als Erwachsener in Asien zugebracht. In meinen eigenen Büchern habe ich stets versucht, die Atmosphäre des Taoismus sowie des chinesischen und tibetischen Buddhismus zu vermitteln, wie man sie in den Ursprungsländern dieser Traditionen spürt. Ich glaube, daß solch eine Annäherung einen gewissen Charme für die Leser hat, die sich zu der sanften Schönheit der chinesischen Kultur und/oder der erregenden Vielfarbigkeit der tibetischen Kultur sowie der in ihnen enthaltenen Weisheit hingezogen fühlen. Dieser Ansatz ist allerdings in dreifacher Hinsicht sehr begrenzt. Erstens wird er vielleicht von Lesern ignoriert, die sich für östliche Kultur an sich nicht interessieren, die aber trotzdem vom Buddhismus angezogen würden, wenn man ihnen den Weg weisen könnte, dort jene universellen Wahrheiten zu entdecken, die für sie persönlich höchst relevant sind. Zweitens gewährt dieser Ansatz denjenigen zu wenig Unterstützung, die damit beschäftigt sind, den Buddhismus in die verschiedenen Teile der Welt zu verpflanzen. Wenn seine äußeren

Erscheinungsformen weiterhin exotisch bleiben, wird der Buddhismus nicht fähig sein, in Gesellschaften zu überleben, in denen die Menschen sich mehr dafür interessieren, ihre eigene Lebensart neu zu beleben, als dafür, eine fremde Lebensweise anzunehmen. Der dritte Punkt wäre dann, daß ich, obwohl ich sehr zum Traditionalismus neige, doch sehe, daß es unmöglich ist, *alles* anzunehmen, was mir meine weisen chinesischen und tibetischen Lehrer gesagt haben, da vermutlich ein Teil ihrer Auslegungen des Buddha-Dharma von örtlich und kulturell bedingten Hinzufügungen beeinflußt sind. Meine Beobachtung ist, daß die meisten westlichen Buddhisten in Asien dieses Problem haben.

Folgende Begebenheit ist eine amüsante, aber recht extreme Illustration des dritten Punktes. Ein gelehrter tibetischer *Geshe* (Doktor der Religion) hatte mir einmal gesagt, daß, wenn die Daumen bei der traditionellen buddhistischen Geste der Ehrerbietung nicht in den zusammengelegten Händen versteckt würden, so daß die Hände eine „Lotusknospe" darstellen, dies zu einer Wiedergeburt als schwarze Spinne führt! Dieser Geshe war sehr gelehrt und hatte einiges Geschick in der Debatte entwickelt; er hätte es ohne weiteres mit Professoren aus Oxford in einer Diskussion über verschiedene tiefgründige Themen aufnehmen können. Seine Über-Konkretisierungen vermeintlicher Schlußfolgerungen aus bestimmten Lehren, die in sich selbst völlig annehmbar sind, würden jedoch zu Recht selbst von zehnjährigen englischen Schuljungen nur mit einem mitleidigen Lächeln quittiert werden. Natürlich sind es meistens weit subtilere Dinge als dieses alberne Beispiel, die uns daran hindern, wirklich anzunehmen, was uns unsere östlichen Lehrer mitzuteilen haben. Ich möchte hier auch keinesfalls die Weisheit und den gesunden Menschenverstand meines Lehrers grundsätzlich in Frage stellen.

Stephen Batchelor zeigt im vorliegenden Werk eine Methode, das Buddha-Dharma darzulegen, die uns hilft, mit den eben beschriebenen Schwierigkeiten umzugehen, und die vielleicht neue Anstöße bei der Verbreitung des Buddha-Dharma geben wird. Sein Ansatz wird bei verschiedenen Arten von Lesern Anklang finden, die bisher nie daran gedacht haben, daß der Buddhismus für sie persönlich Relevanz haben könnte. Der Autor weist darauf hin, daß alle denkenden Menschen sich früher oder später der beunruhigenden Tatsachen und Fragen bewußt werden, denen wir uns einfach stellen müssen, selbst wenn es uns schwerfällt. Dies bedeutet:

Bei meiner Geburt war ich allein, auch sterben muß ich allein; und in gewisser Hinsicht bin ich immer allein, denn der Abgrund, der mich von anderen trennt, kann nie zufriedenstellend überbrückt werden.

O weh, der Tod ist die einzige Sicherheit, die das Leben für uns bereithält. Ich fürchte mich, da ich nicht weiß, was mir bevorsteht. Dazu kommen Angst und Frustration der Gegenwart – denn jedes einzelne meiner weltlichen Besitztümer wird mir geraubt werden.

Eine Person mag von Natur aus nach Gewinn streben, doch der Akt des Erwerbens selbst ist eine Quelle der Angst. Was immer erworben wurde, kann jeden Moment auf hundert verschiedene Arten wieder verlorengehen.

Ich bin allein und doch nicht allein, denn ich bin auf diesem Planeten mit Trillionen von Lebewesen zusammen. Alle sehnen sich nach Glück, genau wie ich, und fürchten sich vor Schmerz und Leid; alle haben das gleiche Recht, Glück zu erlangen und dem Schmerz und Leid zu entfliehen, so gut es ihnen gelingt. Wie kann ich mit diesen Mitwesen positiv und konstruktiv umgehen?

Das Leben erscheint mir oft sinnlos, als hätte es nicht mehr Bedeutung als der Traum eines Narren. Doch irgend etwas überzeugt mich, daß wir ihm eine Bedeutung geben müssen, um glücklich und einigermaßen zufrieden zu sein. Wie und wo kann ich einen klar formulierten Sinn und Zweck finden?

Unser Autor gibt eindeutige Antworten auf diese Ängste und Fragen. Er sieht das Buddha-Dharma als ein Mittel an, das jedem Individuum, vorausgesetzt es besitzt unerschütterliche Entschlossenheit, die Möglichkeit einer zur Verwirklichung des höchsten menschlichen Potentials führenden Entwicklung eröffnet. Ein hingebungsvoller Schüler des Dharma kann, kurz gesagt, selbst in diesem Leben ein Buddha, ein Erleuchteter werden. Dabei verwirklicht er die besten in der Menschheit steckenden Kräfte, zugleich allein und mit anderen, auf eine sinnvolle und rundherum befriedigende Art.

Dieses Buch hat keine neue Lehre zum Inhalt, aber als Neuformulierung der bereits existierenden Lehre ist es wahrhaft inspirierend.

Unglücklicherweise liegt es nicht in der Absicht des Autors, das Thema hier erschöpfend zu behandeln, da zu viele und zu verschiedene Einzelheiten die Wirkung der Schrift beeinträchtigen könnten. Daher gibt es einige Auslassungen. Zum Beispiel werden die Wirkungsweise des Karma und die Vorstellung der Wiedergeburt nicht erläutert, die beide wesentliche Bestandteile des Buddha-Dharma sind. Das Buch ist jedenfalls ein Pionier in seiner neuen Darstellungsweise, die vom Autor und/oder anderen weiter benutzt werden kann, um alle wesentlichen Punkte der Dharma-Lehren zu behandeln. Gäste, die zu einem reichhaltigen Festessen eingeladen wurden, können sich wohl kaum darüber beschweren, wenn der Gastgeber trotz seiner Großzügigkeit die Anzahl der Gänge in Grenzen hält. Zu viele verschiedene Dinge gleichzeitig zu sich zu nehmen, könnte ernsthafte Verdauungsstörungen verursachen.

Meiner Meinung nach gibt es nur einen Punkt, in dem sich der Autor möglicherweise irrt. Gegen Ende des Buches sagt er, daß die Institutionalisierung des Buddhismus zu einer Idealisierung des Buddha führte, die ihn vom Menschen entfernt und zu einem strahlenden Objekt der Anbetung gemacht hat, während die Menschen sich gleichzeitig als zu verschieden von ihm erleben, um eine Gelegenheit zu haben, den Abgrund zu überwinden. Ich weiß, daß viele Menschen diese Ansicht über eine der Mahayana-Entwicklungen teilen, doch ich glaube, daß sie deren wahre Bedeutung falsch interpretieren. Ich würde diese Angelegenheit eher so darstellen:

Die Theravadins haben im allgemeinen *mehr oder weniger* an der Sicht festgehalten, den Buddha im wesentlichen als einen Menschen zu sehen, der die höchsten im menschlichen Zustand erreichbaren Potentiale verwirklichte, daher blieb er stets der Mittelpunkt ihrer Vorstellung vom Dharma. Die Anhänger des Mahayana begannen dagegen allmählich ihre Aufmerksamkeit auf das zu richten, was – richtig ausgedrückt – Bodhi heißt. Dies ist das Erleuchtungspotential, das als eine abstrakte Qualität angesehen wird, die von den Menschen, wenn sie fest genug dazu entschlossen sind, erreicht werden kann. Daß Shakyamuni in der Vergangenheit die Erleuchtung erlangt hat, ist für sie weniger bedeutsam als die Tatsache, daß die Erleuchtung *jetzt* da ist, als ein Ziel, das erreicht werden kann. Den gewöhnlichen Menschen jedoch – und hier muß man berücksichtigen, daß die ungebildeten Massen in der Vergangenheit den weitaus größeren Teil der Bevölkerung ausmachten – fällt es schwer, sich ein abstraktes Objekt der Hingabe vorzustellen oder sich gar darauf zu konzentrieren. Daher wird das Bodhi-Prinzip oft von Buddha-Gestalten, wie zum Beispiel Vairochana, dargestellt und auf den unteren Verständnisebenen mit einer Persönlichkeit gleichgesetzt. Diese Sicht wird, meiner Meinung nach, von der riesigen Anzahl chinesischer Textstellen bestätigt, in denen das Wort *Fo* (Buddha) in Zusammenhängen benutzt wird, in denen es eindeutig um die Darstellung eines abstrakten Prinzips geht. Textstellen wie „Der Buddha wird sich in deinem Geist finden" oder „Narren suchen den Buddha und nicht den Geist, Weise suchen den Geist und nicht den Buddha" scheinen mir die Sache klarzustellen.

Schluß mit der Nörgelei! Dieses bemerkenswerte Buch ist für mich persönlich eine Bereicherung, obwohl ich mich nun schon fast sechzig Jahre mit dem Buddhismus beschäftige. Wie beeindruckend muß es dann erst für die Menschen sein, die mit dem Dharma nur wenig oder überhaupt nicht vertraut sind!

Bangkok, April 1982　　　　　　　　　　　　　　　　　John Blofeld

Einleitung

In den letzten Jahren wurde ich mir mehr und mehr der Krise bewußt, in der sich der Buddhismus derzeit befindet. Oberflächlich betrachtet können wir eine Polarisierung in zwei Gruppen feststellen: Einerseits gibt es diejenigen, die den traditionellen buddhistischen Schulen folgen, andererseits jene, die den Buddhismus vom Standpunkt der akademischen Tradition des Westens her angehen.

In den traditionellen Schulen wird der Buddhismus normalerweise als ein historisch nicht bedingtes Phänomen betrachtet, das die Jahrhunderte und die verschiedensten kulturellen Umstände völlig unbeschadet überdauert hat. Die Lehrer jeder Schule nehmen für sich in Anspruch, daß ihre jeweilige Tradition die „wahre", „reine" oder „höchste" Lehre des Buddhismus repräsentiert. Sie zitieren zur Begründung ihrer Ansichten aus den Schriften, um ihre Überlieferungslinie auf den Buddha zurückzuführen. Darüber hinaus bestehen sie darauf, daß der Buddhismus ein Weg zur Erlösung ist und seine wahre Bedeutung nur verstanden werden kann, wenn seine Lehren durch Übungen der Ethik, Meditation und anderem ins tägliche Leben integriert werden. Die Traditionen heben auf diese Weise den unveränderlichen Charakter des Buddhismus hervor und betonen die Wichtigkeit der persönlichen Beschäftigung mit ihm, will man ihn wirklich verstehen.

Der akademische Standpunkt des Westens könnte kaum unterschiedlicher sein. Hier ist der Buddhismus zunächst einmal etwas unabhängig vom Betrachter Existierendes – daher kann er mit wissenschaftlicher „Objektivität" betrachtet werden. Dann wird er einer historischen und kulturellen Analyse unterzogen, und seine Schriften werden sorgfältig im Lichte der Textkritik überprüft. Jegliches subjektive Engagement wird als dem Ziel abträglich angesehen, dem sich diese Wissenschaftler verpflichtet fühlen. Schließlich geht es um die Entdeckung der objektiven Fakten. Daher werden die Manifestationen des

Buddhismus im allgemeinen als abhängige und vergängliche Phänomene betrachtet, die nur wirklich verstanden werden können, wenn wir sie von einem losgelösten Gesichtspunkt aus beobachten.

Zwischen diesen beiden Polen liegt ein Abgrund, der – trotz gelegentlicher Versuche ihn zu überbrücken – wie ein beunruhigendes Vakuum erscheint. Und leider ist die Überwindung dieser Gespaltenheit nicht nur ein intellektuelles Problem der Gelehrten und Wissenschaftler. Bei genauerer Betrachtung sehen wir, daß dieses scheinbar äußerliche Problem eine Widerspiegelung der inneren Gespaltenheit im Bewußtsein derjenigen westlichen Menschen ist, die ernsthaft versuchen, die Praxis des Buddhismus in ihr Leben mit einzubeziehen.

Das gegenwärtige Interesse am Buddhismus im Westen ist oft Teil einer umfassenderen Reaktion auf die Verwirrtheit der religiösen, intellektuellen und moralischen Werte, die so charakteristisch für die moderne westliche Kultur ist. Für viele Menschen, besonders in der jüngeren Generation, scheint die Kirche wenig Bezug zu ihrer gegenwärtigen Situation zu haben, und ihre Vertreter scheinen oft unter den gleichen Zweifeln und Unsicherheiten zu leiden, von denen alle anderen geplagt werden. Die Schicht der Intellektuellen, die mehr und mehr von den Naturwissenschaftlern dominiert wird, scheint sich ebenfalls mit einer Realität auseinanderzusetzen, die zwar faszinierend, aber in fast jeder Hinsicht unerreichbar ist. Egal wie viele Entdeckungen und Vorstöße die Wissenschaft unternimmt, so liegt es doch in ihrer Natur, daß sie uns nicht zeigen kann, *wie* ihre Einsichten angewandt werden sollten. Wir sind einer moralisch problematischen und zweideutigen Situation ausgesetzt, in der die traditionelle Entscheidungen fällende Autorität zwischen unbeugsamem Dogmatismus und vagem Liberalismus hin- und herschwankt, während die Vertreter der Naturwissenschaft oft große Unsicherheit und Unterschiedlichkeit an den Tag legen, wenn es um ethische Werte geht. Daher liegt die Last der Entscheidung auf den Schultern der politischen Parteien und der Individuen. Deren Urteilskraft ist jedoch meist durch ihre Eigeninteressen beeinträchtigt. Vor diesem chaotischen und widersprüchlichen Hintergrund erscheinen uns die spirituellen Traditionen des Ostens als Bastionen der Weisheit und geistigen Gesundheit.

Auch bei näherem Hinsehen erwecken die östlichen Traditionen diesen Anschein. Die Lehrer strahlen ein Selbstvertrauen aus, das auf Erfahrung, nicht auf Fanatismus zu beruhen scheint. Der Pfad der spirituellen Entwicklung ist sehr klar dargelegt, und einige der grundlegenden Vorstellungen beeindrucken uns, da sie offensichtlich mit modernem Gedankengut vereinbart werden können. Dieser Eindruck, in Verbindung mit einer desillusionierten Sicht der westlichen Kultur und oft auch einem starken psychischen Bedürfnis nach irgendeiner Art von Sicherheit im Leben, veranlaßt viele Menschen, eine traditionelle Form des Buddhismus anzunehmen und sich in sie einzufügen. Ich zweifle nicht daran, daß diese Traditionen uns viel zu bieten haben, aber gleichzeitig halte ich es für gefährlich, sie völlig bedingungslos zu akzeptieren. Es hat schon seine Berechtigung, sich auf die „ewige" Wahrheit des Buddhismus – oder jeder anderen Religion – zu berufen, aber wir sollten erkennen, daß auch immer eine Vielzahl von relativen Wahrheiten in ihnen vorhanden sind. Leider wird diese Unterscheidung oft nicht getroffen. Außerdem werden unsere Kritikfähigkeit und Urteilskraft oft von anfänglichem Entdeckungseifer und einer Faszination für die äußeren Formen des Buddhismus beeinträchtigt. So wird eine Situation erzeugt, in der das, was zunächst eine Reaktion auf eine existentielle Frage war, Gefahr läuft, zu einem bloßen Mittel der Flucht aus dem eigenen Dilemma zu werden. Wenn dies geschieht (und das ist öfter der Fall), wird man in eine innere Welt der Sicherheit versetzt – aber auch der Entfremdung.

Es ist nicht möglich, uns einfach so aus unserer Verwurzelung im Erdboden der westlichen Zivilisation herauszureißen. Wie sehr wir auch ihre Werte ablehnen – wir können es nicht vermeiden, doch Teil und Resultat ihrer Entwicklung zu sein. Unsere Aufmerksamkeit in eine andere Richtung zu lenken und uns einer fremden Religion hinzugeben bringt diese Tatsache nicht zum Verschwinden – es verbannt sie nur in einen Schattenbereich. Irgendwann macht sie sich wieder bemerkbar – in Form von Zweifeln, Unsicherheiten und schlechtem Gewissen. Solche Gefühle zu unterdrücken und sie einfach als negative Einflüsse oder „Hindernisse" in unserer Dharma-Praxis abzutun, verstärkt nur die Gefahren des Fanatismus und bringt weitere geistige Ruhelosigkeit hervor. Wenn wir ehrlich mit uns sind, werden wir an diesem Punkt erkennen, daß wir unsere westlichen und buddhistischen Sichtweisen in Einklang bringen müssen. Dabei werden wir uns vielleicht bewußt, wie groß der Unterschied zwischen ihnen ist.

So stehen wir vor dem vorhin erwähnten Abgrund. Wenn wir versuchen, ihn zu überbrücken, finden wir ziemlich wenig Unterstützung. Die traditionellen Lehrer des Buddhismus scheinen genau wie die westlichen Akademiker entschlossen zu sein, ihre Positionen auf ihrer jeweiligen Seite der Kluft aufrechtzuerhalten. Es gibt natürlich in beiden Ansätzen positive Elemente und Einsichten, aber man findet sie selten in einem Standpunkt vereint, der uns einer harmonischen Synthese näherbringen würde. Es gab einige Versuche, diesen Mangel zu beheben, aber bisher gibt es keine wirklich überzeugende, befriedigende oder kreative Interpretation des Buddhismus, die gegenwärtig relevant wäre.

Dieses kleine Buch enthält eine Formulierung meines eigenen Versuches, mit dieser „Krise" umzugehen, so wie ich sie an mir selbst erfahren und auf einer eher allgemeinen Ebene beobachtet habe. Ich behaupte nicht, daß es sich dabei um eine „objektive" Darstellung handelt (wenn es so etwas überhaupt gibt), die die Religion auf eine Serie interessanter Fakten reduziert, die sich in einer angenehmen Distanz von uns befinden.

Im Gegenteil – es handelt sich hier um einen subjektiven Versuch, Worte und Begriffe in meiner eigenen Sprache und innerhalb meines kulturellen Bezugsrahmens zu finden, die es mir ermöglichen, meinen Glauben an den Buddhismus zufriedenstellend auszudrücken. Dies geschieht aus dem Inneren des Buddhismus heraus, nicht von außen. Indem ich die hier dargestellten Ideen ausarbeite und aufschreibe, versuche ich für mich selbst eine Annäherung an den Buddhismus zu finden, die ins Umfeld unseres gegenwärtigen Lebens paßt und Sinn ergibt. Dieses Werk mag so auch für jene interessant sein, die sich bei ihren Überbrückungsversuchen den gleichen Schwierigkeiten ausgesetzt sehen.

Dieser Text kann keine erschöpfende Darstellung oder Interpretation der zentralen Vorstellungen des Buddhismus sein. Viele der traditionellen Themen, wie zum Beispiel die „Vier Edlen Wahrheiten", Karma und Wiedergeburt, wurden nicht ausdrücklich behandelt. Mir geht es eher darum, Entwicklungslinien aufzuzeigen, als ausführlich über die Lehren einer Schule zu sprechen. Daher habe ich auch nur bestimmte Punkte ausgewählt, die ich für zentrale Themen des buddhistischen Pfades halte. Ich habe mich darauf beschränkt, diese zu erläutern und ihre gegenseitigen Beziehungen darzustellen. So bleibt das Hauptthema des Buches klar erkennbar und wird nicht von zu vielen sekundären Überlegungen überdeckt.

Die Form dieses Buches entstand aufgrund verschiedener Umstände und besonderer Bedingungen. Ich beschäftige mich seit 1972 mit dem Studium des tibetischen Buddhismus, insbesondere der Gelukpa-Schule, zunächst in Indien und später in der Schweiz. Hierdurch, wie auch durch meine weniger intensiven Studien anderer Traditionen, habe ich mir bestimmte Grundkenntnisse des traditionellen buddhistischen Gedankengutes angeeignet. Die Gestaltung und die Themen dieses Textes wurden stark von Tsong Khapas *Ausführliche Darlegung der Stufen auf dem Weg zur Erleuchtung (lam.rim.chen.mo)* und von Shantidevas *Wegführer zur Lebensweise eines Bodhisattvas (Bodhicaryavatara)* beeinflußt. Einen noch größeren Einfluß hatten allerdings die mündlichen Erklärungen zu diesen und anderen Werken, die die geschriebenen Worte erst für mich lebendig werden ließen.

Da es mir jedoch schwerer und schwerer fiel, viele der traditionellen buddhistischen Sichtweisen so zu akzeptieren, wie sie in den etablierten Schulen derzeit dargestellt werden, begann ich nach einer Form der

Interpretation zu suchen, die uns die Bedeutung des Buddhismus erschließt, ohne in die Extreme zu verfallen – entweder die ursprünglichen Vorstellungen zu verwässern oder auf allzu rigiden Auslegungen zu bestehen. Damit die Fülle der Bedeutungen in den buddhistischen Lehren sichtbar wird, ist es meiner Meinung nach notwendig, daß sie auf eine Weise zu uns sprechen, die wir authentisch hören können. Die Darstellung des Buddhismus in einer uns von der Kultur her fremden Denkweise vermag es oft nicht, die Lehren in ihrer Differenziertheit mitzuteilen, und läßt uns daher existentiell unberührt.

Diese Suche nach einem Mittel zur Artikulation meines Verständnisses des Buddhismus führte mich zur modernen existentialistischen Philosophie, insbesondere in ihrer Anwendung in der christlichen Theologie. Unter den Schriften der existentialistischen Philosophie fand ich Martin Heideggers *Sein und Zeit* von unschätzbarem Wert. Ich habe im vorliegenden Buch viel von seiner Terminologie und Methodik übernommen. Der Einfluß der existentialistischen Theologie kam vor allem von Paul Tillich und John MacQuarrie. Durch ihre Schriften wurde mir bewußt, wie viele Möglichkeiten es gibt, existentialistische Gedanken zu benutzen, um traditionelles religiöses Gedankengut erneut lebendig werden zu lassen. Beim Lesen ihrer Werke entdeckte ich, daß sie als Christen versuchten, mit genau den gleichen Problemen umzugehen, denen ich mich als Buddhist gegenübersah. Ihre Bücher vermittelten mir nicht nur viele Ideen in bezug auf die Mittel, die helfen, diese Konflikte zu lösen, sondern sie öffneten mir auch erstmals die Augen für die Reichhaltigkeit der jüdisch-christlichen Tradition.

Das Material in diesem Buch wurde erstmals 1979 zusammengestellt, zunächst in der Form von Aufzeichnungen. Das Manuskript wurde dann im folgenden Jahr während meines Aufenthaltes im Tibetischen Zentrum Hamburg mehr oder weniger in seiner gegenwärtigen Form fertiggestellt.

Stephen Batchelor *Song Kwang Sa, Korea, 1982*

Vorwort
zur deutschen Ausgabe

Es liegt eine angenehme Ironie in der Tatsache, daß dieses Buch zwölf Jahre, nachdem ich es im Tibetischen Zentrum Hamburg geschrieben habe, nun endlich in der Sprache erscheint, die seine Entstehung umgab: in Deutsch. In der Zwischenzeit haben mich Studium und Praxis des Buddhismus rund um die Welt geführt, bevor ich nach England, in mein Geburtsland, zurückkam, wo ich nun wieder lebe. Mittlerweile bin ich kein Mönch mehr, sondern ein verheirateter Mann, und lebe in einer eklektischen, vom Buddhismus inspirierten Gemeinschaft in Sharpham, Devon. Obwohl meine Lebensumstände sich geändert haben und mein Haar mittlerweile von selbst ausfällt, sind die in „Mit andern allein" ausgedrückten Ideen immer noch zentrale Punkte in meinem Verständnis vom Buddhismus.

Die deutsche Fassung dieses Textes wird zusammen mit dem Aufsatz „Flucht" veröffentlicht, den ich 1981 im Kloster Songwang Sa in Korea verfaßte, nachdem ich meine ersten drei Monate Zen-Meditation hinter mir hatte. In dieser Schrift verfolge ich einen Fluß von Ideen, die ich im Rahmen von „Mit andern allein" nicht unterbringen konnte, ohne die innere Einheit dieses Textes verletzen zu müssen. Die beiden Texte passen theoretisch jedoch sehr wohl zueinander. Die englische Ausgabe von „Flucht" wurde 1984 von der *Buddhist Publication Society* in Sri Lanka veröffentlicht und im vorliegenden Buch mit Ausnahme der Erzählung von Buddhas Leben, die der Darstellung im ersten Kapitel von „Mit andern allein" gleicht, vollständig übersetzt. Da beide Texte parallelen Gedankensträngen folgen, kann der Leser sie in beliebiger Reihenfolge lesen. Dem einen kann „Flucht" als Einleitung zu „Mit andern allein" dienen, dem anderen als Nachwort. Ich jedenfalls freue mich, daß diese beiden Texte nun doch in einem Band veröffentlicht werden.

Ich möchte Claudia Wellnitz meinen Dank aussprechen, die sich redlich bemühte, mein oft unglücklich gewähltes Englisch in gut lesbares Deutsch zu übertragen.

Sharpham, Devon, England
März 1992
Stephen Batchelor

„Jeden Morgen geht die gleiche strahlende Sonne auf; jeden Morgen gibt es einen Regenbogen über dem Wasserfall; jeden Morgen zeigt sich der höchste schneebedeckte Gipfel, weit, weit entfernt, am Rand des Himmels mit einer violetten Flamme; jede winzige Mücke, die ihn in der Sonnenhitze umschwirrt, spielt in diesem Chor ihre Rolle: Sie kennt ihren Platz, sie liebt ihn und ist glücklich; jeder Grashalm wächst und ist glücklich! Alles geht seinen Weg und alles kennt seinen Weg; es verabschiedet sich mit einem Lied und kommt mit einem Lied wieder; nur er weiß nichts, versteht nichts, weder Menschen noch Klänge, allem ein Fremder, ein Ausgestoßener."

Dostojewski, *Der Idiot*

I Haben und Sein

Je mehr wir uns dem Haben tributpflichtig machen, desto mehr lassen wir uns zur Beute der verzehrenden Angst werden, die das Haben entfesselt.

Gabriel Marcel[1]

1. Die Dimension des Habens

Zu den grundlegenden Ausdrücken unserer Sprache gehören zwei Verben: „sein" und „haben". Diese Wörter sind so in unseren gedankenlosen alltäglichen Sprachgebrauch eingegangen, daß ihre ursprüngliche Bedeutung völlig verlorengegangen ist. Dabei bezeichnen sie zwei wesentliche Dimensionen unserer Existenz: die des Habens und die des Seins. Diese beiden Kategorien lassen unterschiedliche Sichtweisen des Lebens erkennen. Vom Standpunkt des Habens wird das Leben als horizontale Weite erfahren, die sich zu immer weiter zurückweichenden Horizonten hin neigt. Vom Standpunkt des Seins wird die vertikale Tiefe des Lebens als ehrfurchtgebietend, ahnungsvoll und mysteriös empfunden. Heutzutage tendieren wir mehr und mehr dazu, uns im Haben zu verlieren, wodurch der Kontakt mit der Dimension des Seins völlig aus dem Blickfeld gerät. In Zeiten wie den heutigen, in denen das kulturelle Leben in extremem Ausmaß von weltlichen und materiellen Werten dominiert wird, erzeugt die Intensität des Dranges, *haben* zu wollen, eine immer breiter werdende Kluft zum Gewahrsein dessen, wer und was wir wirklich *sind*. Das hauptsächliche Ziel des Dharma ist es, dieses Bewußtsein des Seins wiederherzustellen.

Charakteristisch für das Haben ist die damit verbundene Gewinnsucht. Unsere Welteinstellung ist von der Vorstellung beherrscht, daß unserere persönliche Existenz in dem Maße Erfüllung findet, in dem wir fähig sind, Dinge anzuhäufen und zu besitzen. Das Streben, mehr und mehr zu erwerben, umfaßt ein großes Sortiment verschiedenster Gebiete und Bereiche. Der nächstliegende und konkreteste Bereich ist der der materiellen Objekte. Wir sammeln unbelebte Dinge, die uns durch ihre greifbare, gegenwärtige und starre Solidität Schutz, Sicherheit und gesellschaftlichen Status zu gewähren scheinen.

Der andere Bereich ist der der Menschen: Ehemänner, Ehefrauen, Kinder, Freunde und Bekannte werden in einem Kreis um uns herum angeordnet, der durch Fäden von Anhaftung und Besitzgier mit der Mitte verbunden ist. Aber die Reichweite des Habens erstreckt sich noch weiter bis in den abstrakten Bereich der Gedanken hinein. Wir haben diesen Bereich in unterschiedliche Wissensgebiete aufgeteilt: Wissenschaft, Politik, Ökonomie, Soziologie, Geschichte, Religion und in all die vielen, ständig neu entstehenden Fachgebiete. Jedes dieser Gebiete eröffnet neue Möglichkeiten, sich noch mehr zu bereichern. Es ist typisch für unsere auf das Haben fixierte Kultur, daß ein Individuum dann von der Allgemeinheit für seine intellektuellen Fähigkeiten am meisten bewundert wird, wenn es die größte Anzahl von Tatsachen gespeichert hat und fähig ist, sie aus seinem Gedächtnis schnellstmöglich abzurufen. Lernen und Erziehung verkümmern oft zu bloßem systematischen Anhäufen von Tatsachen und Informationen.

Wir werden täglich mit einer ungeordneten Masse von Informationen konfrontiert, und es wird von uns erwartet, daß wir diese in unseren immensen Vorrat bereits latent vorhandener Fakten und Zahlen einordnen. Fortschritt bedeutet in diesem Sinne, unsere Fähigkeit zu verbessern, leblose Dinge aus möglichst vielen Gebieten anzusammeln. Sehr zutreffend sprechen wir von der „Konsumgesellschaft".

Selbst unseren eigenen Körper und unser Bewußtsein halten wir für „Dinge", die wir „haben". Das Leben betrachten wir als unseren wertvollsten „Besitz". Daraus folgt, daß Körper, Bewußtsein und das Leben selbst als Dinge angesehen werden, die „das Ich" behalten oder verlieren kann. Hier wird, wie in allen Handlungen des Habens, eine Kluft zwischen Besitzer und Besitz geschaffen. Haben geht immer von einer genau definierten Dualität zwischen Subjekt und Objekt aus. Daher sucht das Subjekt sein Wohlbefinden und Gefühl von Sinnhaftigkeit und Erfüllung im Bewahren und Aneignen von Dingen, von denen es notwendigerweise abgetrennt ist. Die Devise heißt: „Ich bin, was ich besitze" (Fromm)[2]. Eine Folge dieser Einstellung ist, daß jede Empfindung des Erfülltseins zur Illusion wird; denn es gibt nichts, was man besitzen könnte, ohne Angst haben zu müssen, es zu verlieren. Das Versinken in der horizontalen Dimension des Habens ist die Ursache für alle Zustände ontologischer Unsicherheit. Angst, Entfremdung, Einsamkeit, Leere und das Gefühl von Sinnlosigkeit sind das Ergebnis eines Lebens als isoliertes Subjekt inmitten einer Menge lebloser Objekte. Selbst wenn die Reichweite unserer Aktivitäten sich auf zahlreiche und unterschiedlichste Interessengebiete und Belange ausdehnt, bleibt unser Sein leer und oberflächlich, solange die Vorstellung des Habens überwiegt. Wir wandern umher als Fremde in einer „einsamen Menge".

> Wir sind die hohlen Männer
> Die Ausgestopften
> Aufeinandergestützt
> Stroh im Schädel. Ach,
> Unsre dürren Stimmen,
> Still und sinnlos
> Wispern sie miteinander
> Wie Wind im trockenen Gras
> Oder Rattenfüße über Scherben
> In unserm trockenen Keller.[3]

T. S. Eliot, *Der hohle Mensch*

Was erhoffen wir uns von diesem unablässigen Anhäufen? Warum sind wir zwanghaft davon besessen, Dinge besitzen zu wollen? Zunächst empfinden wir instinktiv, daß irgend etwas in unserem Leben fehlt. Ein vages Hungergefühl lauert tief in unserem Inneren. Könnte diese Leere vielleicht durch materielle Güter, Freunde oder Wissen ausgefüllt werden? So gehen wir in die Welt hinaus und beginnen all die Waren zu konsumieren, die sie uns anzubieten hat. Wir essen und sind für eine Weile zufrieden, aber die schmerzenden Hungergefühle kommen immer wieder. Ironischerweise wird die Empfindung unserer eigenen Leerheit immer tiefer und unerträglicher, je mehr wir uns danach sehnen, die Welt zu besitzen und zu beherrschen. Die Kluft zwischen Wunsch und Wirklichkeit wird größer, und unser zwanghaftes Verhalten kann sich zur Raserei entwickeln. Sosehr wir uns auch bemühen – es wird uns niemals gelingen, unsere innere Leere von außen zu füllen; sie kann nur von innen her gefüllt werden. Ein Mangel an *Sein* kann nicht durch einen Überfluß an *Haben* ausgeglichen werden.

Wir sind so daran gewöhnt, uns im Leben einzig der horizontalen Dimension des Habens zu widmen, daß wir uns der Möglichkeit einer vollkommen anderen Grundform der Existenz, nämlich der vertikalen Kategorie des Seins, kaum noch bewußt werden. So gehen wir dann auch, wenn uns unsere Suche nach Erfüllung und Sinnhaftigkeit im Leben zur Sphäre der Religion als dem traditionellen Ausdrucksmittel der Symbole des Seins führt, auf die uns bekannte Art darauf zu: Wir betrachten auch die Religion als ein Gebiet des Habens. Unsere Religion mit all ihren Glaubenssätzen, Ritualen und Dogmen wird zu einem neuen Segment unter all den anderen Segmenten, aus denen sich unsere lineare, bruchstückhafte Existenzerfahrung zusammensetzt. Sie bietet uns ein weiteres Feld möglicher Errungenschaften, das noch verführerischer ist als all die anderen: einen Sinn im Leben, Unsterblichkeit, Erleuchtung, das Königreich des Himmels. Unglücklicherweise wird diese Haltung von vielen der organisierten und institutionalisierten Religionen noch ermutigt. Himmel und Hölle werden als Orte beschrieben, zu denen wir uns begeben können. Erleuchtung und ein ewiges Leben werden als Dinge betrachtet, die jedes Individuum erlangen kann. Wir können für sie bezahlen, indem wir genügend Einheiten der richtigen Währung anhäufen, sogenannte Verdienste. Trotz der Bemühungen ihrer Gründer sind die Tempel weiterhin von denen bewohnt, die kaufen und verkaufen.[4] In dieser Beziehung wurde ihr Handelsgut zu Recht mit Opium verglichen.

Heute kann nicht genug betont werden, daß ein echtes religiöses Bewußtsein keine weitere Ausdehnung der horizontalen Dimension des Habens beinhaltet, sondern ein Erwachen für die vertikale Dimension des Seins. Am Anfang steht eine radikale Neuorientierung unserer gesamten Existenz. Jede Kritik und Bewertung von Religion ist im Grunde bedeutungslos, wenn sie von einer horizontalen Sichtweise herrührt. Mit der Entdeckung der Dimension des Seins werden Ziel und Sinn des Lebens im Rahmen eines völlig neuen Bezugssystems bewertet, dessen Hauptgrundsatz lautet: *Statt zu leben, um mehr zu* haben, *leben wir, um mehr zu* sein. Religion sollte nicht als ein „zusätzliches Extra" im Leben betrachtet werden, das wir uns je nach Wunsch zulegen und wieder ablegen können. In ihrer wirklichen Bedeutung ist Religion das Ergebnis des Lebens selbst. Sie ist nicht irgendein Ding, das wir uns neben all unseren anderen Interessen aneignen und in einer besonderen Abteilung unseres Bewußtseins unterbringen. Wenn wir fest in der Dimension des Seins verankert sind, wird unser gesamtes Leben religiös.

Daher kann die wesentliche Dynamik einer Religion nie auf ein bestimmtes System von Glaubenssätzen und Dogmen reduziert oder einem solchen gleichgestellt werden. Solche systematischen Darstellungen der religiösen Essenz sind die unvermeidliche Folge des menschlichen Versuchs, die eigene Erfahrung in Konzepten zusammenzufassen und dadurch mitzuteilen. Sie sind durchaus notwendig und wertvoll; aber sobald sie entstehen, geraten sie ständig in Gefahr, zu einem System autonomer Werte erhoben zu werden, die unabhängig von der tieferen Wirklichkeit existieren, die sie zu beschreiben versuchen. Es muß daher ständig bedacht werden, daß alle religiösen Institutionen und die sie begleitenden Glaubenssysteme kulturell und historisch bedingte Phänomene sind, die über sich selbst hinaus auf die tiefsten Anliegen der Menschen hinweisen. Die Glaubenssätze selbst sind einer übertriebenen Beachtung nicht würdig; wenn wir sie ihnen entgegenbrächten, wäre dies Götzenverehrung.[5]

2. Die Entsagung des Buddha

Die radikale Verlagerung von der Dimension des Habens zu der des Seins – als Bestandteil der Umkehr von einer weltlichen zu einer religiösen Existenzweise – wird auf dramatische Weise im Leben des Buddha Shakyamuni veranschaulicht. Die Hauptzüge seiner Lebensgeschichte werden traditionell folgendermaßen dargestellt: Der Prinz Siddharta wird als Erbe des Thrones von Suddhodana, dem Monarchen eines kleinen Shakya-Königtums in Nordindien, geboren. Kurz nach seiner Geburt sagt ein Heiliger namens Asita voraus, daß der Neugeborene entweder zu einem mächtigen Weltenherrscher oder zu einem großen religiösen Erlöser heranwachsen wird. Aus Angst vor der zweiten Möglichkeit versucht ihn sein Vater, der König, durch eine Vielzahl von Sinnesgenüssen zu betören; er wird auf das Herrscheramt vorbereitet und verheiratet. Aber als er sich bei vier verschiedenen Anlässen außerhalb des königlichen Palastes aufhält, sieht er im Vorübergehen einen Alten, einen Kranken, einen Toten und einen Bettelmönch. Dies ist Anlaß für ihn, tiefer über den wahren Sinn des Lebens nachzudenken. Schließlich verläßt er den Palast eines Nachts heimlich – enttäuscht von der Eitelkeit des weltlichen Lebens. Er legt seine Prinzengewänder ab, tauscht sie gegen die Roben eines Bettelmönches ein und zieht aus, um den wahren Sinn des Daseins zu entdecken. Nachdem er mehrere Jahre lang verschiedene Arten von Enthaltsamkeitsübungen unter der Leitung verschiedener Lehrer praktiziert hat, ist er immer noch ohne Antwort. Schließlich setzt er sich, fest entschlossen, eine Lösung seiner Fragen zu finden, allein unter einem großen Baum nieder und erlangt tatsächlich die Erleuchtung. Nach einigem Nachdenken beschließt er, der Menschheit mitzuteilen, was er herausgefunden hat. So beginnt seine etwa vierzig Jahre andauernde Tätigkeit als geistlicher Lehrer.[6]

Der Wert dieser Erzählung liegt weniger in der Wiedergabe eines historischen Ereignisses als vielmehr in ihrer symbolischen Bedeutung und der Darstellung eines archetypischen Prozesses. Obwohl hier die Lebensgeschichte eines einzelnen geschildert wird, die sich an einem bestimmten Ort zu einer bestimmten Zeit zugetragen hat, überschreitet die tiefere Bedeutung dieser Geschichte alle Begrenzungen durch Raum und Zeit. Wenn wir Buddhas Leben als eine Beschreibung des Übergangs von der Dimension des Habens zu der des Seins ansehen, können wir die Geschichte als eine Darstellung des grundlegenden Musters betrachten, nach dem sich das Leben eines jeden Buddhisten zu jedem Zeitpunkt in der Geschichte richten kann. Das bedeutet nicht, daß ihre Form in jedem Falle exakt imitiert werden sollte, ihre ontologische Bedeutung jedoch kann in jedem konkreten Leben verwirklicht werden.

Die Gesellschaft, in die der Buddha hineingeboren wurde, bot ihm zwei unterschiedliche Existenzformen. Einerseits war sie gefestigt und wohlhabend genug, um dem jungen Prinzen die besten Möglichkeiten zu gewähren, seine weltlichen Ziele zu erreichen. Andererseits hatte die politische und soziale Organisation sich so weit entwickelt, daß die Menschen die Freiheit besaßen, sich mit philosophischen und religiösen Fragen nach dem grundlegenden Sinn und Zweck des Lebens auseinanderzusetzen. Diese beiden Möglichkeiten, wovon die erste mehr in die Dimension des Habens und die zweite in die des Seins hineinführt, bestanden potentiell vom Moment seiner Geburt an. Ihr Vorhandensein wird symbolisch durch die Prophezeiung des Heiligen Asita offenbart. Die Wertvorstellungen des Vaters lagen jedoch ganz offensichtlich einzig im Bereich des Habens, nicht auf der Ebene des Seins. Der Vater überhäufte seinen Sohn mit Sinnesfreuden jeglicher Art, gab ihm die beste Ausbildung und sorgte dafür, daß er die königliche Linie durch Heirat und Zeugung eines Sohnes fortführte. Gleichzeitig stellte er sicher, daß alle schmerzlichen und negativen Aspekte des Lebens vor seinem Sohn verborgen blieben. Der König steht hier für eine materialistisch ausgerichtete, weltliche Gesellschaft, die ihren Mitgliedern ihre Wertvorstellungen aufzwingen will.

Bis zum heutigen Tag fordern diejenigen, die in der horizontalen Dimension fest verwurzelt sind, daß ihre Werte als die höchsten unantastbar bleiben. Dieses fanatische Festhalten wird unbewußt von der Ahnung einer unbestimmten, vagen Bedrohung gesteuert, die versteckt hinter solch unbequemen Abirrungen des Lebens wie Alter, Krankheit und Tod lauert. So wundert es nicht, daß man diese unangenehmen Phänomene in Krankenhäusern, Heimen, Leichenschauhäusern und gepflegten Friedhöfen versteckt. Tod und Wahnsinn insbesondere werden sogar aus dem Sprachgebrauch verbannt und wenn möglich auch aus den Gedanken. Jeder, der sich zu ausschließlich damit beschäftigt, über diese Dinge nachzudenken, gerät in Gefahr, als krankhaft betrachtet zu werden, unfähig, das Leben genießen zu können. Er wird in die gerade noch tolerierte gesellschaftliche Randzone abgeschoben, die für Philosophen, Mönche und andere Exzentriker reserviert ist.

Jedoch genau durch das Verstehen der Bedeutung von Alter, Krankheit, Tod und des Lebens eines Bettelmönches wurde dem jungen Prinzen die Dimension des Seins offenbar. Von diesem Moment an war sein Leben einer radikalen Umwandlung unterworfen; er konnte sich nicht länger mit den oberflächlichen Werten des Habens zufriedengeben und dabei sein gutes Gewissen bewahren. Wir würden in unserer Phantasie zu weit gehen, wenn wir annähmen, daß er, bedingt durch die Verheimlichungsversuche seines Vaters, buchstäblich nie etwas von Alter, Krankheit und Tod gesehen oder gehört hätte. Entscheidend ist hier jedoch, daß er, in seiner Aufmerksamkeit ständig abgelenkt durch seine Möglichkeiten in der Sphäre des Habens, die tiefere, existentielle

Bedeutung dieser Phänomene niemals vorher erkennen konnte. Doch von diesem Moment an war es ihm nicht länger möglich, sich mit dem Verfolgen zahlreicher Einzelziele zufriedenzugeben; nun sah er sich mit der Frage nach der Bedeutung des Lebens als Ganzem konfrontiert. Welchen Sinn konnten weltliche Macht und Glorie im Angesicht des ständigen Schattens des Todes für ihn noch haben? Plötzlich waren all seine früheren Wertvorstellungen zusammengebrochen. Anstatt die Oberfläche der Welt als prächtig und bedeutungsvoll wahrzunehmen, erschien sie ihm nun von einem tieferen Gesichtspunkt des Seins aus als seicht und leer. Daher liegt die tiefere Bedeutung von Alter, Krankheit und Tod in ihrer Symbolik als Erscheinungsformen der Seinsebene. Wenn durch sie der Zugang zur Dimension des Seins erst einmal eröffnet wurde, werden wir eine völlig neue Lebensweise annehmen, die uns befähigt, unsere nun erst aufgedeckten existentiellen Möglichkeiten zu verwirklichen. Auf diese Weise wird der Bettelmönch zu einem lebendigen Symbol für eine Existenzweise, die das Leben im Sein sucht und nicht im Haben.

Als diese Sichtweise im Leben des Prinzen erwachte, begann er sich in seinem Palast eingesperrt zu fühlen. Er hatte begriffen, daß es innerhalb der Grenzen der horizontalen Dimension des Habens keine Möglichkeit gibt, den wahren Sinn und Zweck des Daseins zu verwirklichen. Viermal hatte er die Begrenzungen des „Palastes" überschritten und dabei einen flüchtigen Einblick in die tieferen und grundsätzlicheren Fragestellungen des Lebens gewonnen. Diese Erfahrungen hatten ihn zutiefst verstört; dennoch kehrte er zum Palast zurück und führte sein königliches Leben nach außen hin weiter wie zuvor. Schließlich gelangte er aber an einen Punkt, an dem der Widerspruch zwischen der wachsenden Intensität dieser Fragen und seinem oberflächlichen, nur den Sinnesfreuden gewidmeten Leben unerträglich wurde. Eines Nachts verließ er seine schlafenden Kurtisanen und entfernte sich vom Palast, um das Leben eines Bettelmönches aufzunehmen und sich ganz der Suche nach der Wahrheit hinzugeben. Er hatte jenen Punkt erreicht, an dem ein Kompromiß zwischen Haben und Sein nicht mehr annehmbar war und es keine andere Alternative mehr gab, als sich einer völlig neuen Lebensweise zu widmen, die ausschließlich die Prinzipien und Wertvorstellungen des Seins in den Mittelpunkt stellte. Das endgültige Verlassen des Palastes, das auch als „Entsagung" bezeichnet wird, ist daher ein Symbol für den radikalen Umschwung von der Ebene des Habens zur Dimension des Seins.

In den folgenden sechs Jahren übte sich der Prinz in den verschiedenen spirituellen Disziplinen, die damals praktiziert wurden, fand aber keine Antwort auf seine Fragen. Zuletzt ließ er sich zu Füßen eines Heiligen Bobaumes nieder und faßte den festen Entschluß, nicht aufzustehen, bevor er sein Ziel erreicht hatte. Er erlangte schließlich die Erleuchtung und wurde ein Buddha. In den folgenden Kapiteln werden wir diesen Prozeß noch näher im Hinblick auf seine ontologische und existentielle Bedeutung untersuchen. Wir haben gesehen, wie die Entsagung eine Beschreibung des Umschwungs von der Dimension des Habens zur Sphäre des Seins war. Ebenso kann das Streben nach Erleuchtung als ein Prozeß der authentischen Verwirklichung des menschlichen Potentials betrachtet werden. Die Buddhaschaft ist demgemäß die Verwirklichung des optimalen Seinszustandes.

3. Das Beispielhafte an Buddhas Leben

Je eingehender wir die Lebensgeschichte des Buddha untersuchen, desto klarer sollte uns werden, daß ihre Bedeutung sich nicht auf die Beschreibung eines bestimmten historischen Ereignisses beschränkt, sondern daß sie eine universelle Aussage enthält. Die wesentliche Dynamik des Buddhismus wird durch die kraftvolle Bildersprache der Lebensgeschichte seines Gründers eindrucksvoll veranschaulicht. Der Prozeß der Verwirklichung des universellen Potentials menschlicher Existenz wird anhand des Lebens eines außergewöhnlichen Mannes aufgezeigt. Der enorme spirituelle Wert dieser Erzählung liegt in der gleichzeitigen Darstellung der Verkörperung eines universellen Prozesses im Leben einer Person und der universellen Bedeutung eines persönlichen Lebens.

Selbst heute können wir jeden Hauptzug dieser Geschichte in Beziehung zu unserem persönlichen Sein setzen. Die Prophezeiung des Asita, „Religionsstifter oder Weltenherrscher", ist als Darstellung der innersten existentiellen Möglichkeiten, in die die Menschen ihr Sein projizieren können, für uns genauso angemessen wie für Prinz Siddharta vor zweieinhalbtausend Jahren. Der König als Repräsentant der auf den Wertvorstellungen des Habens basierenden Gesellschaft drängt uns seinen Willen auf und beeinflußt unseren Lebensweg auf ähnliche Weise wie den des Buddha. Das Symbol des Palastes ist heutzutage besonders aussagekräftig, da es mehr und mehr Menschen möglich ist, sich mit den Objekten der Sinne und des materiellen Wohlstands zu umgeben. In einem nie dagewesenen Maße werden Alter, Krankheit, Tod und Bettelmönch aus der allgemeinen Wahrnehmung verbannt und von der Gesellschaft ignoriert. Trotzdem bleibt uns die Möglichkeit offen, uns von den existentiellen Fragen des Lebens betroffen zu fühlen und von der Dimension des Habens zu der des Seins überzuwechseln. Wir müssen uns vielleicht wie Prinz Siddharta nachts, wenn alle schlafen, heimlich davonschleichen. Dies sollte jedoch nicht naiverweise so interpretiert werden, daß wir unbedingt unser Zuhause, unsere Familie, unsere sozialen Verpflichtungen und so weiter ablehnen müssen, denn dies können wir auch tun, ohne uns innerlich zu verändern. Das wesentliche Element bei der „Entsagung" ist das Aufgeben der Werte des Habens und ein Erwachen zum Gewahrwerden des Seins. Wir lassen „jene, die immer noch nachts im Palast schlafen" zurück; dies bedeutet, daß wir uns über unser unwissendes (schlafend) und blindes (nachts) Schwelgen im Aneignen, Besitzen und Konsumieren (der Palast) hinausentwickeln und das Leben auf einer völlig anderen Ebene zu erfahren beginnen.

Ernsthafte Entsagung ist keine teilweise oder bedingte Umwandlung bestimmter Haltungen oder Glaubenssätze, sondern beinhaltet eine radikale Veränderung der gesamten Persönlichkeit. Unser Sein in dieser Welt wird umgewandelt. Natürlich kann dieser Prozeß einer ontologischen Metamorphose auch entsprechende Veränderungen in unserem intellektuellen, emotionalen oder sozialen Verhalten mit sich bringen. Aber jede Transformation hier, und sei sie noch so bemerkenswert, ist nicht unbedingt ein Zeichen dafür, daß die vorher erwähnte Metamorphose stattgefunden hat. Ob diese Veränderung plötzlich oder schrittweise erfolgt, hängt von den Anlagen und den Lebensumständen des Individuums ab. Wie in der Geschichte des Buddha wird sie sich jedoch wahrscheinlich über eine längere Zeitperiode hinweg erstrecken, während der sie durch bestimmte Schlüsselerlebnisse (zum Beispiel die Einsicht in die eigene Vergänglichkeit) genährt wird, bevor sie sich in einer bewußten Verwirklichung oder einer offensichtlichen Handlung kristallisiert. In der folgenden Erzählung aus dem Palikanon erinnert sich der Buddha, wie sich dieses Gewahrwerden in seinem Bewußtsein ausgedrückt hat:

> „Auch ich, ihr Mönche, strebte vor dem Erwachen, als ich noch der nicht voll erwachte Bodhisattva war und wegen des Selbstes noch Geburt, Alter, Krankheit, Tod und Leiden unterworfen war, nach dem, das genauso Geburt, Alter, Krankheit, Tod und Leiden unterworfen war. Dann fragte ich mich, ihr Mönche: Warum suche ich, der ich Geburt, Alter, Krankheit, Tod und Leiden unterworfen bin, das, was genauso diesen Dingen unterworfen ist? Wie wäre es, wenn ich, obwohl ich wegen des Selbstes Geburt, Alter, Krankheit, Tod und Leiden unterworfen bin, da ich die Gefahr in jenen Dingen erkenne, die ebenfalls dem unterworfen sind, das Ungeborene, das Alterlose, das nicht dem Verfall Unterworfene, das Unsterbliche, das Nicht-Leiden, das Makellose, das letztendliche Aufhören der Gefangenschaft – Nibbana, suchte?"[7]

Diese Passage, in der Sprache der frühen Nachfolger des Buddha formuliert, drückt die völlige Verwandlung der Sichtweise des Buddha aus – eine Verschiebung seines Interesses vom Endlichen und Vergänglichen zu dem, was unendlich und beständig ist. Welche Terminologie wir hier auch benutzen, die Essenz der Aussage bleibt klar: Entsagung beinhaltet eine völlige Umwandlung unserer Erfahrung des Lebens in seiner Ganzheit.

Es wird ein Punkt erreicht, an dem der Widerspruch zwischen der Fortführung einer Haben-orientierten Existenz und dem immer dunkler werdenden Schatten der nicht nachlassenden Seinsfrage unerträglich wird. Es bleibt uns keine Wahl, wir müssen den Mittelpunkt unseres persönlichen Lebens von der Dimension des Habens in die des Seins verlagern. Dies bringt ein freudiges Gefühl innerer Erlösung mit sich und die Befreiung von dem nagenden Unbehagen, das unsere vorangegangene Unschlüssigkeit mit sich brachte. Es ist eine entschlossene und tief bedeutungsvolle Veränderung, die absolut nicht rückgängig gemacht werden kann. Wir sterben in bezug auf die Welt der äußeren Werte und werden in der Welt innerer Sinnhaftigkeit wiedergeboren. Dennoch sind wir nackt, allein und heimatlos. Dieser Zustand wird aufs reinste durch das Bild des Bettelmönches symbolisiert, dessen Lebensstil Prinz Siddharta annahm, nachdem er den Palast verlassen hatte. Es wird erzählt, wie er sein Haar abschnitt, seinen Juwelenschmuck und seine königlichen Kleider gegen das einfache Lendentuch eines Bettelmönches eintauschte und allein und heimatlos auszog, um Antwort auf die Fragen des Lebens zu suchen. Angetrieben von seiner ungebrochenen Entschlossenheit, den Sinn und Zweck des Seins zu erkennen, erfuhr er wiederholt Enttäuschungen und extreme körperliche Härten. Auch wurde er aus der Gesellschaft seiner Mönchskameraden ausgestoßen. Auch wenn jemand die Suche nach dem tieferen Sinn als die einzig lebenswerte Existenzform erkannt hat, garantiert ihm dies keinesfalls ein von ständigem Wohlbefinden, Zwanglosigkeit und spiritueller Freude geprägtes Leben. Wenn wir diese Aufgabe auf uns nehmen, müssen wir uns ständig mit unseren tiefsten Ängsten konfrontieren, mit unserer Leerheit, unserer Verzweiflung, unseren Zweifeln; es besteht keine Möglichkeit, ihnen zu entkommen und uns vor ihnen zu verstekken. Es ist unmöglich, jemals umzukehren, und manchmal erscheint es unmöglich, jemals weiterzukommen. Innerhalb der Dimension des Seins erfahren wir das Leben mit größerer Intensität. Im Kontrast dazu erscheinen die Werte und Ziele, denen wir früher so viel Bedeutung zukommen ließen, mehr und mehr oberflächlich und künstlich.

Shakyamuni jedenfalls verlor nicht den Mut; er fuhr beharrlich fort und bewies schließlich durch die Verwirklichung der Buddhaschaft, daß eine Antwort gefunden werden kann. So wird uns am Beispiel seines Lebens eindringlich gezeigt, daß der tiefere Zweck und Sinn unserer Existenz durch den Prozeß des Erwachens zur Buddhaschaft erkannt werden *kann*. Dies gilt heute wie in früheren Zeiten und ist für jeden von uns eine Herausforderung, den tiefsten Fragen unserer Existenz eine Antwort zu geben, indem wir das Potential unseres innersten Seins verwirklichen.

II Die Aufgabe der Klärung

So wie man Gold durch Erhitzen, Zerschneiden und Reiben auf seine Echtheit hin prüft, solltet ihr, Mönche und Gelehrte, meine Worte prüfen. Nur dann solltet ihr sie annehmen; nicht aus bloßem Respekt für mich.

Buddha[1]

4. Die Ausarbeitung der existentiellen Fragen

Durch den Prozeß der Entsagung verschiebt sich unsere persönliche Mitte in eine neue und unerforschte Dimension: die des Seins. Die horizontalen Flächen des Habens verschwinden nicht auf wundersame Weise: Sie sind immer noch da, genauso starr und unberührbar wie zuvor, wir sehen sie jedoch mit anderen Augen. Es ist so, als finge ein kaum wahrnehmbares Licht an zu glimmen, dessen Quelle wir nicht erkennen können. In seinem Glanz bleibt alles genau gleich, und doch ist irgend etwas auf undefinierbare Weise anders. Diese unsichtbare Wandlung ist erleuchtend und gleichzeitig verwirrend. Sie kann sogar zu völliger Desorientierung führen. Wir haben keinen passenden Rahmen, mit Hilfe dessen wir ein Verständnis der Zusammenhänge in dieser Dimension gewinnen könnten. Besonders erschwerend für uns ist das Fehlen einer Raum-Zeit-Perspektive und jeglicher allgemeingültiger Bewertungskriterien. Im Vergleich dazu scheinen die auf der Vorstellung des Habens beruhenden, klar definierten Wertvorstellungen, Gesetze und Institutionen einen intakten und sicheren Lebenszusammenhang anzubieten. Aber haben wir einmal die Leerheit gespürt, die hinter dem Pulsschlag jener Mechanismen liegt, müssen wir unsere Ausdrucksmittel anderswo suchen. Dann gelangen wir zu den Religionen der Welt, die uns einen Rahmen anbieten und vorgeben, diese neue und ganz andere Dimension zu beschreiben, mit der der Mensch sein spirituelles Leben sinnvoll ausdrücken und zur Erfüllung bringen kann.

Was ist das Leben? Wie können wir die Potentiale unseres Lebens verwirklichen? Worin liegen Bedeutung und Zweck des Lebens? Dies sind die Fragen, die sich in dieser sich uns langsam offenbarenden, unstrukturierten Sphäre formen. Vielleicht finden sie auch nicht solch einen deutlichen Ausdruck; vielleicht werden sie nur als ein vages, aber tief sitzendes Angstgefühl empfunden, ein Gefühl von Orientierungslosigkeit, oder als Mangel an Sinn und Richtung im Leben. In jedem dieser Fälle fühlen wir uns dazu gedrängt, einen konkreten Rahmen zu finden, in dem befriedigende Antworten präsentiert werden. Die verschiedenen Religionen der Welt sind nichts anderes als systematische Formulierungen unterschiedlicher Antworten auf diese Fragen. Wir sollten uns hierbei jedoch ständig der Tatsache bewußt sein, daß diese *Formulierungen* nur für eine bestimmte Gruppe von Menschen gelten, die in einem bestimmten kulturellen und sozialen Milieu in einer bestimmten geschichtlichen Epoche gelebt haben. Daher ist zwar ihr wesentlicher *Inhalt* von universellen existentiellen Fragen bestimmt, ihre jeweiligen *Formen* hängen jedoch von den vorherrschenden philosophischen, kulturellen und sozio-ökonomischen Bedingungen eines bestimmten Landes oder einer bestimmten Zeit ab. Eine spezielle religiöse Form oder Institution behält ihre Gültigkeit als lebendiger Träger spiritueller Erfahrung nur so lange, wie die ihre Form bestimmenden Bedingungen in ihrer Grundlage unverändert bleiben. Wenn die sozialen und ökonomischen Bedingungen zum Beispiel vollkommen umgewälzt werden, muß dem ein Prozeß der Umstrukturierung der formalen Elemente einer Religion folgen, wenn deren Lebendigkeit und Kraft erhalten bleiben soll. Dies ist die Aufgabe der Apologetik: die ursprüngliche Antwort (Kerygma) immer wieder im Lichte der gegenwärtigen Umstände mit Lebenskraft zu erfüllen, ohne sie den neuen Verhältnissen zu opfern. Wenn das apologetische Element durch unbeugsamen

Traditionalismus unterdrückt wird, beginnt eine Religion zu verknöchern und sich schließlich in Staub aufzulösen.

Die Tendenz, dem konzeptuellen und symbolischen Rahmen einer Religion letztendliche Gültigkeit zuzuschreiben und sich dann nur mit ihrer Strukturform statt mit der inneren Bedeutung, die durch diese Form ausgedrückt werden soll, auseinanderzusetzen, ist eine dauernde Bedrohung für die Lebendigkeit der Religion. Diese Tendenz und ihre zerstörerischen Folgen können wir fast überall klar erkennen, wenn wir die Geschichte der Religionen einer Prüfung unterziehen. Oft stoßen wir auf ins Auge springende Widersprüche zwischen den Wertvorstellungen und Zielen der institutionalisierten Religionen einerseits und den von ihren Gründern gelehrten und vorgelebten Werten auf der anderen Seite. Die späteren Oberhäupter einer Religion interessieren sich mehr dafür, die speziellen Dogmen und Überzeugungen ihres Glaubens zu rechtfertigen und zu verteidigen, als ihre existentielle Bedeutung als Antwort auf die grundlegenden Fragestellungen des menschlichen Lebens zu verstehen. Der wirkliche Wert eines jeden Dogmas oder Glaubens liegt in seinem Potential, über sich selbst hinauszuweisen und eine tiefere Realität aufzuzeigen, die nicht so leicht auf eine einfache Formel gebracht werden kann. Sobald man den symbolischen, sich selbst transzendierenden Charakter des Glaubens leugnet und ihn statt dessen in den Status einer letztendlichen universell gültigen Wahrheit *mit eigenem Recht* erhebt, geht seine wirkliche spirituelle Bedeutung verloren. Dann wird er zu einem „Dogma" im abschätzigen Sinn des Wortes. Es ist wichtig, daß die Symbole und Konzepte der Religionen Offenheit und Durchsichtigkeit bewahren; aber oft genug werden sie trüb und glanzlos und verhüllen genau jene Wahrheit, die sie eigentlich ans Licht bringen sollten.

Eine Folge des Prozesses der Formalisierung und Institutionalisierung ist es, daß die Religionen wieder von der Dimension des Habens aufgesogen werden. Wenn das Interesse ihrer Anhänger sich nur auf ihre strukturellen Merkmale richtet, hören sie auf, Antworten auf die in unserer Existenz enthaltenen Fragen zu geben, sie werden lediglich zu einem weiteren Sammelbecken für Fakten und Informationen. Wenn es soweit kommt, daß eine bestimmte religiöse Form als Heiligtum verehrt wird, wird sie immer stark idealisiert und entrückt so der konkreten menschlichen Realität. Die Religionen rücken für uns Sterbliche dann aufgrund jener Vollkommenheit und Verherrlichung in unerreichbare Ferne, besonders wenn sie in den allumfassenden Rahmen eines differenziert entwickelten metaphysischen Systems eingebaut sind. Daher müssen wir, wenn wir ein bestimmtes System übernehmen, innerhalb dessen wir uns in der Dimension des Seins orientieren, ständig auf der Hut sein, nicht in die Haben-Ebene zurückzufallen.

Worin liegen Sinn und Zweck des Lebens im Angesicht der Unvermeidbarkeit des Todes? Das ist eine existentielle Frage – sie braucht eine existentielle Antwort, deren Tiefe der Ebene zu entsprechen hat, aus der die Frage stammt, weil sie nur von einer solchen befriedigt werden kann. Ein religiöses System hat dann eine spirituelle Bedeutung, wenn es sich wirklich auf die Fragen bezieht, die an es gestellt werden.[2] Dieser Bezug sollte nicht nur die Qualität existentieller Dringlichkeit mit einbeziehen, sondern auch den Zeitgeist, aus dem sich die Frage kristallisiert. Daher muß das zentrale Thema des theologischen oder buddhistischen Ansatzes sich auf das zentrale Thema der Frage beziehen. Außerdem sollte es in einer Sprache formuliert sein, die der des Fragenden entspricht.

Die Hauptfragen der heutigen Zeit sind die nach dem Sinn und Zweck des Lebens. Der Durchschnittsmensch wird von der Naturwissenschaft mit einem klar abgegrenzten, „vernünftigen" Weltbild versorgt, aber dieses vermittelt ihm normalerweise kein tieferliegendes Ziel oder Gefühl für den Sinn und Zweck des Lebens. Die rationale wissenschaftliche Betrachtungsweise hat auch die Gültigkeit der traditionellen Ansichten der Weltreligionen ernsthaft in Frage gestellt und daher jene Glaubenssysteme untergraben, die früher das Gefühl einer sinnerfüllten Existenz vermittelten. Unsere Epoche wird treffend als

„Weltraumzeitalter" bezeichnet. Der Astronaut, der in seiner komplexen technischen Maschine sitzt und mühelos den Erdball umkreist – allein und schwerelos in der Leere des Raumes –, ist das vollkommene Symbol für den heutigen Menschen.[3] Bei allen Triumphen über die Natur und trotz unserer hochentwickelten Technologie fühlen wir uns leer, entfremdet, ängstlich und einsam. Wir können unserer Existenz keinen richtigen inneren Sinn und Zweck abgewinnen. Daher sollte sich die religiöse Antwort, um lebensfähig und relevant zu sein, mit der Frage nach Sinn und Bedeutung unserer Existenz befassen. Bei ihrer Formulierung sollten keine übernatürlichen Doktrinen oder spekulative Metaphysik zur Hilfe genommen werden. Ein Glaubenssystem zu übernehmen, das für eine Zeit formuliert wurde, in der sich die Menschen vor allem mit den Leiden der verkörperten Existenz und der Erlösung in einem zukünftigen Leben befaßten, ist ziemlich naiv und bringt uns der Lösung nicht näher. Die Antworten der Religionen in jener Zeit wurden in bezug auf Fragen entwickelt, die sich an einer anderen Auffassung des existentiellen Dilemmas orientierten. Sie wurden in einer Sprache verfaßt, die nicht mehr zur heutigen Weltsicht paßt.[4] (Noch absurder wäre es, wollte man, nur um seinen eigenen Glauben zu rechtfertigen, eine anachronistische Weltsicht wieder zu neuem Leben erwecken.) Heutzutage müssen die religiösen Antworten *von unten*, im Lichte der gegenwärtigen existentiellen Situation, neu formuliert werden. Sie können uns nicht länger *von oben* auferlegt werden, so als wären sie völlig unabhängige, allgemeingültige Wahrheiten.

5. Die Antworten des historischen Buddhismus

Die Aufgabe des Buddhismus heute ist es, die in ihm enthaltene substantielle Wahrheit so darzustellen, daß sie eine sinnvolle Antwort auf die existentiellen Fragen gibt, denen Männer und Frauen heute gegenüberstehen. Aber selbst wenn eine neue Form und eine leichter zugängliche Sprache verwendet werden, sollten die Inhalte sich immer wieder auf die grundlegenden buddhistischen Gedanken und Übungen beziehen und fest in ihnen verwurzelt sein. Damit sie eine buddhistische Interpretation der Realität bleibt, kann eine neue Ausrichtung sich nicht zu weit von den buddhistischen Traditionen entfernen, um außerhalb von ihnen wirksam zu werden. Es geht hier darum, die Bedeutsamkeit der wertvollen Einsichten dieser Traditionen zu verstehen und sie neu als Lösungsmöglichkeiten der Probleme zu formulieren, die in unserer Gegenwart eine Rolle spielen. Die Kritik muß in einem ausgewogenen Verhältnis zu Respekt und Wertschätzung stehen.

Innerhalb der Geschichte des Buddhismus haben sich zwei Hauptströmungen entwickelt, die sich in ihrer Interpretation der Bedeutung des Buddha stark unterscheiden. Die ältere Richtung, die unter anderem von den Theravadins vertreten wird, sieht in Buddha Shakyamuni zuerst die konkrete, menschlich-herausragende Persönlichkeit. Die spätere Richtung dagegen, die sich selbst „Mahayana" nennt, entwickelte eine eher kosmische Vorstellung von ihrem Gründer. Diese beiden Formen der Annäherung stellen die beiden grundlegenden Einstellungen in ihren Mittelpunkt, die das menschliche Bewußtsein annehmen kann, wenn es um die Interpretation spiritueller Phänomene und ihre Rechtfertigung geht. Einerseits sollte das Wesen, auf das sich dieses spirituelle Interesse bezieht, die Begrenztheit des Schülers überschritten haben, andererseits sollte es aber auch menschliche Züge aufweisen, damit eine persönliche Beziehung entstehen kann. Dieses paradoxe Bedürfnis nach einem Wesen, das gleichzeitig konkrete wie abstrakte, menschliche wie übermenschliche Merkmale besitzt, ist der Ursprung vieler Konflikte in der Geschichte der meisten großen Religionen. Im Buddhismus wurde dieser Konflikt in zwei Schulen oder Traditionen polarisiert, von der eine jede von sich beansprucht, entweder höherstehend oder authentischer als die andere zu sein. Da beide Positionen vollkommen berechtigte religiöse Empfindungen repräsentieren, wird dieser Konflikt nie dadurch aufgelöst werden, daß es eine Schule schafft, die vollständige Vorherrschaft über die andere zu gewinnen. Der eine Teil wird sich nur zeitweise unterdrücken lassen, bis die spirituellen Bedürfnisse des menschlichen Bewußtseins ihn wieder zu neuem Leben erwecken. Es ist notwendig zu versuchen, eine dialektische Synthese herzustellen, in der die widersprüchlichen Pole auf einer höheren Ebene zu einer Einheit verschmolzen werden.

In den frühen Interpretationen des Buddhismus wird die historische Gestalt des Buddha Shakyamuni als Musterbeispiel für die Vollendung menschlicher Existenz dargestellt. Buddha wird als ein Einzelwesen gesehen, das, nachdem er sich in zahlreichen Leben darum bemüht hatte, schließlich die volle Erleuchtung erlangte, Dharma lehrte und bei seinem Tode ins Nirvana einging. Als bedeutendste Erkenntnis seiner Lehren gilt die Entdeckung des Nirvana, das als Resultat disziplinierter Meditation entsteht, durch die man sich vom Prozeß der unfreiwilligen psycho-physischen Existenz befreit. Obwohl Buddha auch Mitgefühl und Hinwendung zu anderen betonte, werden diese Eigenschaften stillschweigend als Mittel betrachtet, um das letzte Ziel, das Nirvana, zu erreichen. Samsara wird als der Zustand des Gefangenseins im endlosen, unglückseligen und sinnlosen Kreislauf von Tod und Wiedergeburt betrachtet, dem die Erlösung durch Nirvana gegenübersteht. Dieser völlig andere Zustand der Freiheit kann nicht in den uns bekannten Kategorien beschrieben werden und wird daher durch Verneinungen umschrieben: „Das Ungeborene, das Alterlose, das nicht dem Verfall Unterworfene, das Unsterbliche und das vom Leid Befreite." Shakyamuni wird als einzigartige historische Persönlichkeit angesehen, die den im Samsara Gefangenen die Möglichkeit zum Nirvana eröffnet und den Weg weist, der dorthin führt. Er bietet seinen Weg zur Erlösung innerhalb eines grundsätzlich menschlichen Kontextes an, ohne Rückgriff auf metaphysische Spekulationen oder göttliches Einwirken. Der Zweck unserer Existenz liegt nach diesem Verständnis darin, durch eigene Anstrengung die transzendente Dimension des Nirvana zu verwirklichen und sich dadurch aus dem Verstricktsein in die vergänglichen und unbefriedigenden Verhältnisse der Welt zu befreien. Der Arhat verkörpert das Ziel des menschlichen Lebens, und alle Handlungen des Menschen sollten direkt oder indirekt auf das Erreichen des befreiten Zustandes abzielen.

In den späteren Interpretationen des Mahayana verschiebt sich das Ideal des menschlichen Lebens weg vom Arhat zum Bodhisattva und letztlich zum Buddha. Als religiöse Entwicklung kann diese Bewegung als Antwort auf den Ruf nach einer umfassenderen Ausrichtung des spirituellen Lebens verstanden werden, die die Verwirklichung *aller* wesentlichen Elemente der menschlichen Existenz miteinbezieht. Feuerbach sagte bereits: „Zu einem vollkommenen Menschen gehört die Kraft des Denkens, die Kraft des Willens, die Kraft des Herzens".[5] Der Arhat verkörpert sicherlich die Vollkommenheit der Gedanken und die des Willens, aber seine letztendliche Auflösung im Nirvana läßt ihn entfernt und zurückgezogen von den konkreten Angelegenheiten der Welt erscheinen. Ähnlich ist es mit der Vorstellung, die Shakyamuni als einen menschlichen Arhat sieht. Nach dieser Vorstellung waren seine Liebe und sein Mitgefühl nur ungefähr vierzig Jahre lang aktiv, danach entschwebte auch er in die für den normalen Sterblichen unerreichbare Dimension des Nirvana. Dabei wird auch in Betracht gezogen, daß er, nachdem er die Erleuchtung erlangt hatte, unzweifelhaft zögerte, überhaupt Belehrungen zu geben, und mehrere Wochen lang ernsthaft in Erwägung zog, direkt ins Nirvana einzutreten.

Damit die spirituellen Bedürfnisse der Menschen ihre wirkliche Erfüllung finden können, müssen die Objekte des persönlichen Strebens und Glaubens optimal diese Bedürfnisse widerspiegeln. Der Arhat – als Ziel unseres persönlichen Lebens – kann dem Menschen in seiner Ganzheit keine solche Stütze und Inspiration bieten. Und der Buddha – als Objekt des Glaubens und der Hingabe – wird durch die konkrete Menschlichkeit von Shakyamuni begrenzt und kann in seiner nirvanischen Erhabenheit nicht mehr erreicht werden. Nach der Vorstellung des Mahayana-Buddhismus werden diese beiden unbefriedigten und formlosen spirituellen Sehnsüchte einerseits durch das Verkünden des in der Buddhaschaft gipfelnden Bodhisattva-Pfades erfüllt, andererseits durch die Vorstellung einer kosmischen Dimension des Buddha. Auf diese Weise wird eine machtvolle Einheit zwischen dem *Streben* nach Verwirklichung der Totalität des menschlichen Lebens und dem *Glauben*, auf den sich dieses Streben gründet, hergestellt. Der Buddha repräsentiert nun das Ziel der persönlichen Existenz, gleichermaßen wie dessen inspirierende Kraft. Shakyamuni wird zu einer historischen Persönlichkeit, die das Ziel menschlicher Existenz nicht nur durch ihre Lehren aufzeigt, sondern auch durch ihr bloßes Sein. Der Bodhisattva wird als Mittler des Übergangs von einer unerfüllten Existenz zur optimal erfüllten Existenz, nämlich der Buddhaschaft, angesehen. Das wesentliche Merkmal des Mahayana ist daher, daß der Weg und das Ziel des spirituellen Lebens sich immer auf die grundlegenden existentiellen Möglichkeiten in ihrer Gesamtheit beziehen. Damit meinen wir, daß die essentiellen menschlichen Qualitäten der Kräfte von Gedanken, Willen und Herz in gleichem Maße auf dem Pfad der Bodhisattvas entwickelt werden und letztlich im Erreichen der Buddhaschaft in gleichem Maße verwirklicht werden.

Wenn die Buddhaschaft als letztes Ziel und als die höchste menschliche Existenzform bezeichnet wird, kann auch der Buddha nicht länger einfach als eine höhere Art von Arhat betrachtet werden, der, nachdem er der Welt das Dharma verkündet hat, ebenfalls für immer ins Nirvana eingeht. Buddha verweilt nicht in einem Nirvana, welches eine bloße Antithese zum Samsara ist, sondern in einer Art von Nirvana, die jenseits der beiden Extreme von Samsara und Nirvana liegt. Diese Seinsweise weist uns darauf hin, daß er frei von den Fesseln und der Angst des Samsara ist, doch gleichzeitig am Schicksal derer teilnimmt, die immer noch in ihm gefangen sind. Diese paradoxe Verfassung von gleichzeitiger Anwesenheit und Abwesenheit kann nicht in der konkretmenschlichen Existenz von Shakyamuni impliziert sein; daher wird eine adäquatere Darstellungsform nötig – eine kosmische Vorstellung des Buddha. Die Buddhaschaft wird dann als das verweilende Prinzip der Erleuchtung *(Dharmakaya)* angesehen, welches alle seine konkreten Manifestationen *(Rupakaya)* transzendiert, ihnen aber gleichzeitig zugrundeliegt. Shakyamuni wird nun als eine besondere, und im Rahmen der Weltgeschichte entscheidende Verkörperung dieses verweilenden Prinzips betrachtet.[6]

In dieser kurzen Beschreibung der Entwicklung vom früheren zum späteren Verständnis des Buddhismus haben wir uns vor allem auf die religiösen Elemente konzentriert und aufzuzeigen versucht, daß die Hinwendung zum Mahayana in der Hauptsache von der inneren Suche nach einer Vervollkommnung des spirituellen Ausdrucks motiviert war. Kein Phänomen der menschlichen Entwicklungsgeschichte findet jedoch in einem Vakuum statt, alles hängt immer von verschiedenen Faktoren in einem komplexen Bezugssystem ab. Daher sollten wir, wenn wir die tiefere Bedeutung dieser Entwicklung verstehen wollen, sie auch im Lichte des damals vorherrschenden ökonomischen, sozialen und philosophischen Klimas betrachten.

Viele der Merkmale des Mahayana-Buddhismus entstanden auch aus der Notwendigkeit heraus, eine Form des Buddhismus zu schaffen, die besser den sozialen Anforderungen gerecht wurde, die sich aus der politisch stabilen Situation der Maurya-, Kushan- und Gupta-Reiche ergaben.[7] Es war vonnöten, ein weniger asketisches Ideal anzubieten, in dem vor allem die aktiven und altruistischen Aspekte im Leben und in den Lehren des Buddha hervorgehoben wurden. Gleichfalls wurde stärker als zuvor versucht, mit der tiefverwurzelten einheimischen Kultur der Brahmanen eine Symbiose einzugehen und die Philosophie des Buddhismus in einer metaphysischen Form darzustellen, die dem Hindusystem an Anziehungskraft nicht nachstand. Dieser Prozeß der Anpassung gewann seit der Zeit von Ashoka ständig an Kraft, was wir aus bestimmten Entwicklungen in den Sarvastada- und Mahasamgika-Schulen ablesen können. In diesen Traditionen wurde der Buddha mehr und mehr als etwas Übermenschliches betrachtet. Auch wurde das Ideal des Bodhisattva zusammen mit der Übung der sechs Vollkommenheiten eingeführt.[8] Aber erst im ersten Jahrhundert n. Chr. formierten sich diese Ideen zu einer selbständigen Mahayana-Bewegung. Im Laufe der folgenden drei bis vier Jahrhunderte, während des „goldenen Zeitalters" in der Entwicklung indischer Kultur und Philosophie, begann dann das Mahayana die früheren Schulen des Buddhismus durch seine bei weitem reicheren metaphysischen und devotionalen Elemente in den Schatten zu stellen.

Inhaltlich ging der Mahayana-Buddhismus also aus der Suche nach größerer spiritueller Erfüllung in den frühen buddhistischen Gemeinschaften hervor, während seine *Form* sich in Abhängigkeit von den vorherrschenden kulturellen und philosophischen Tendenzen in Indien während der ersten Jahrhunderte n. Chr. entwickelte. Mit diesem Versuch, eine befriedigende existentielle Lösung innerhalb eines abstrakten und komplexen metaphysischen Rahmens zu schaffen, gingen natürlich auch bestimmte Gefahren einher. Einerseits entstand die Gefahr, daß durch die unter dem Einfluß der Hindu-Theologie angenommenen Elemente des Glaubens an eine Vielzahl von Gottheiten, das Objekt des existentiellen Anliegens in jenseitige Formen hineinabstrahiert wurde. Andererseits begannen die logischen und philosophischen Konzepte, die als Resultate metaphysischer Spekulationen entstanden waren, eine größere Bedeutung einzunehmen als die spirituellen Probleme, die sie ursprünglich lösen sollten. Die langsame Verwandlung des anfänglich existentiellen Anliegens in eine hauptsächlich aus metaphysischen Ideen bestehende Religion brachte paradoxerweise ein stärkeres Gefühl von Entfremdung zwischen dem Buddhisten und Buddha hervor. Obwohl die Buddhaschaft als die optimale Entwicklung der wesentlichen menschlichen Qualitäten betrachtet wurde und daher auch im Prinzip von jedem Menschen verwirklicht werden konnte, bestand die Gefahr, daß sie durch ihre Verkörperung in einer überweltlichen, allwissenden und göttlichen Buddhagestalt, als etwas von der sinnlichen Beschaffenheit der Menschen weit

Entferntes wahrgenommen wurde. Die konkret-menschliche Realität von Shakyamuni wurde als eine ätherische, in menschlicher Form erscheinende Manifestation angesehen. In späteren Spekulationen betrachtete man sogar seine Schüler, Devadatta eingeschlossen, als Verkörperungen weit entfernter Buddhagestalten und die historischen Geschehnisse in der Zeit des Buddha als Szenen einer göttlichen Aufführung, deren wirkliche Schauspieler sorgfältig hinter den Kulissen versteckt blieben.[9] Der Pfad zur Buddhaschaft wurde ins Unermeßliche verlängert – er sollte drei unendliche Äonen dauern –, der Mensch wurde, als Folge dieser Spekulation, mehr und mehr unwichtig; entfremdet und abgetrennt von seinem selbsterzeugten Ideal.

Als Folge dieser metaphysischen Entwicklung gingen die speziell buddhistischen Merkmale der Religion mehr und mehr verloren – zumindest für den gewöhnlichen Laien-Anhänger –, und der Buddhismus wurde langsam wieder in das weitmaschige Gefüge des traditionellen Hinduismus eingegliedert. Der Einfluß des Mahayana als unabhängiger Bewegung in Indien nahm bald ab, und im 12. Jahrhundert n. Chr. hatte er nicht mehr genug Kraft, um dem aus dem Westen kommenden moslemischen Einfall standzuhalten.

Andere Konsequenzen waren die Entstehung des Tantrismus in Indien und des Chan in China als Gegenreaktionen zu den vorherrschenden intellektuellen Strömungen des Buddhismus. Hierbei handelte es sich mit Sicherheit um existentielle Bewegungen, die die *Erfahrung* des Buddha betonten und dieser wieder einen Platz innerhalb der Sphäre der konkret-menschlichen Existenz geben wollten. Beide Richtungen nahmen an, daß das Erwachen zur Buddhaschaft noch in diesem Leben möglich sei und konzentrierten sich daher auf das Buddha-Potential in jedem Menschen, anstatt auf die weit entfernten in ihren übermenschlichen Ruhmeshallen weilenden Buddhas und Bodhisattvas. Ihre Ablehnung metaphysischer Interpretationen war oft mit einem extremen Mißtrauen gegenüber allen Arten begrifflichen Denkens verbunden. Daraus resultierte wiederum eine gewisse Unwilligkeit oder Unfähigkeit, ihre Position systematisch und klar darzulegen. Dies allerdings gab allen Arten von vage formulierten und von der Doktrin her fragwürdigen Ideen die Gelegenheit, sich in die Traditionen einzuschleichen – es wurde ihnen wenig oder überhaupt kein Widerstand entgegengesetzt. Die existentielle Bedeutung dieser Bewegungen sollte – trotz gewisser begrifflicher Widersprüche – nicht übersehen werden. Sie sollten jedoch auch nicht unkritisch als die höchsten und endgültigen Belehrungen des Buddha betrachtet werden. Wie alle *Formen* des Buddhismus sind sie von historischen und kulturellen Faktoren beeinflußt und unterlagen im Laufe der Jahrhunderte den verknöchernden Einflüssen der Institutionalisierung und Formalisierung.[10]

6. Das Problem zeitgemäßer Formulierung

Unsere gegenwärtige Krise, in der wir versuchen die innere Bedeutung des Buddhismus unserem heutigen Leben zugute kommen zu lassen, lösen wir nicht, indem wir eine bestimmte Schule oder Tradition der Vergangenheit auswählen und sie als die allen anderen überlegene bezeichnen. Eine derart enge Einstellung, die sich nur auf eine Form des Buddhismus beschränkt und nur in ihr die wirkliche Essenz der Lehren des Buddha sieht, stellt jede andere Strömung in Frage und sieht sie entweder als bloße Vorbereitung oder als Entartung der wahren Werte und Normen. Daraus entsteht die Tendenz, die auserwählte historisch bedingte Tradition auf die Ebene selbstexistenter spiritueller Werte zu erheben und entsprechend zu verehren. Absurde Vertreter einer solchen Haltung sind die modernen selbsternannten Meister anachronistischer buddhistischer Sekten, die selbstgerecht und ungehalten die Fehden ihrer orientalischen Vorgänger an kosmopolitischen Schauplätzen wie Paris, London oder New York fortsetzen. Als Lösung taugt aber auch nicht, alle Unterschiede in einem nebulösen Eklektizismus verschwimmen zu lassen, in dem alle Ideen, wie dürftig ihre Verbindung auch sein mag, in glückseliger Unkenntnis ihrer Unvereinbarkeit großzügigst unter einen Hut gebracht werden. Weder fanatisches Sektierertum noch unklarer Synkretismus als die Extreme können zu einer realistischen Lösung der Probleme führen, die sich uns bei der Integration der Wahrheiten des Buddhismus in das heutige Leben stellen.

Wir müssen eine historische Perspektive beibehalten, die uns ermöglicht, den Buddhismus als eine Religion zu betrachten, die durch ihre Anpassung an verschiedene Orte und Zeiten vielen Veränderungen und Wachstumsprozessen unterworfen war. Manchmal wurden dabei seine grundlegenden Einsichten wiederbelebt und neu geklärt, zu anderen Zeiten wurde er zu sehr institutionalisiert und den herrschenden gesellschaftlichen Vorurteilen untergeordnet. Obwohl der Buddhismus in seinen wesentlichen Merkmalen vom Leben und den Lehren der historischen Gestalt des Shakyamuni geprägt wurde, ist er mehr als ein statisches Gefäß für Glaubenssätze und Dogmen, die über Jahrhunderte hinweg treu weitergegeben wurden. Er ist eine sich in Gemeinschaften von Männern und Frauen manifestierende lebendige Glaubensbewegung, die ständig nach Ausdruck und Selbstverständnis sucht. Daher müssen wir, wollen wir seine Natur wirklich verstehen, frei von jeder Anhaftung an eine bestimmte historisch bedingte Form des Buddhismus sein, denn dies würde uns blind gegenüber der größeren und tieferen Bedeutung des Ganzen machen. Dazu brauchen wir eine gewisse „Objektivität", jedoch nicht die kalte philosophische Ojektivität des außerhalb des buddhistischen Glaubens stehenden Akademikers. Eine sinnvolle Darstellung des Buddhismus muß aus der Schmiede des Glaubens kommen, der darum kämpft, sich selbst zu artikulieren.[11] Ein Streben nach Verständlichkeit und Klarheit muß auf dem Boden des Glaubens selbst stehen, es wird jedoch unvermeidlicherweise aus den den menschlichen religiösen Erfahrungen innewohnenden Spannungen entstehen: Die Schriften stehen im Konflikt mit ihren Auslegungen, der Glaube steht im Konflikt mit der Vernunft, und die Tradition ist im Konflikt mit der zeitgenössischen Kultur. Das Ziel dieses Prozesses der

Artikulierung ist es, den Glauben in der klarsten und verständlichsten Sprache auszudrücken, ohne in eines der beiden Extreme des Buchstabenglaubens und Fundamentalismus einerseits bzw. des Liberalismus oder Positivismus andererseits zu verfallen.[12] Ein gültiges, angemessenes buddhistisches Verständnis muß sich in dialektischer Abhängigkeit von diesen verschiedenen Elementen entwickeln. Wenn wir dies berücksichtigen, wird uns klar, daß *keine bestimmte Interpretation und kein bestimmter Ausdruck des Buddhismus etwas Endgültiges sein kann. Der Buddhismus ist wie jedes andere Phänomen in Abhängigkeit entstanden und hat daher keine ihm innewohnende Selbst-Natur.* Unglücklicherweise wurde diese Einsicht von Nagarjuna selten auf die Lehre angewendet, die er verkündet.

Haben wir einmal die relative Natur all der verschiedenen Schulen und Richtungen innerhalb des Buddhismus erkannt, brauchen wir uns nicht mehr um interne Konflikte und Meinungsverschiedenheiten zu kümmern. Unser Ziel ist es, deren Einsichten im Lichte der gegebenen Situation zu bewerten und die *existentielle* Bedeutung des Buddhismus offenzulegen, denn genau dieser Aspekt hat die größte Relevanz für die Situation der Menschen heute. Als konzeptuellen Bezugsrahmen können wir einige Ausdrücke aus der Terminologie des existentialistischen Gedankengutes übernehmen und Gebrauch von seiner phänomenologischen Methodik machen. Eine derartige Interpretation der traditionellen Lehren des Buddhismus bringt uns zwei Vorteile: Einerseits werden wir vielleicht einige Konzepte klarer verstehen, die uns sonst aufgrund ihrer aus einer kulturell fremden und historisch fernen Weltsicht stammenden Sprache und Denkweise unverständlich wären. Andererseits gewinnen wir vielleicht so ein besseres Verständnis der im Buddhismus enthaltenen ontologischen Strukturen und Möglichkeiten der Menschen, auf deren Grundlage sich die Praxis des Buddhismus entfalten kann. Ein existentielles Modell ist hier besonders passend, da es den stark existentiellen Charakter des Buddhismus anerkennen und sich gleichzeitig der existentiellen Krise zuwenden kann, mit der der technologische Mensch heute konfrontiert wird. An diesem Treffpunkt können sich der Buddhismus und der moderne Mensch auf authentische Weise begegnen, ohne ihre Verschiedenheit und Individualität aufgeben zu müssen. Normalerweise wird einer der beiden Ansätze den Anforderungen des anderen geopfert: Entweder wird der Buddhismus nur teilweise akzeptiert (z. B. als Meditationsmethode) oder verwässert, damit er zu bestimmten modernen Vorurteilen paßt. Oder die Einsichten der zeitgenössischen Kultur (z. B. der Naturwissenschaften) werden unbedacht mißachtet, um eine archaische Sicht der Welt anzunehmen, weil dies der buddhistische Glaube zu fordern scheint. Indem wir unsere Aufmerksamkeit existentiellen Belangen zuwenden, können wir die Dimensionen des menschlichen Lebens schildern, auf die sich der Buddhismus direkt bezieht. Damit sind wir besser in der Lage, seine Beziehung zu den anderen Disziplinen zu beurteilen.

Unsere gegenwärtige Situation ist der des Prinzen Siddharta im Grunde recht ähnlich. In beiden Fällen wird das Leben von den unbeugsamen Kräften materieller und weltlicher Werte beherrscht. Die Belange der Menschen sind vollständig durch die entpersönliche Fülle einzelner Dinge aufgezehrt und verlorengegangen. In beiden Fällen entstand, durch ein tieferes und zwingenderes Gewahrsein der Lebensfragen in ihrer Gesamtheit, eine existentielle Reaktion. In der Geschichte des Buddha wird gezeigt, wie er einen Alten, einen Kranken eine Leiche und einen Bettelmönch sieht und dadurch veranlaßt wird, sein Palastleben hinter sich zu lassen. Dieser Reaktion entspricht heute das Hinterfragen unserer grundlegenden Wertvorstellungen, unserer Einstellung zum Fortschritt und zur Technologie. Sie offenbart sich in Kierkegaards Studie über die Angst, in der Entfremdungstheorie von Marx wie in Heideggers Analyse der Unechtheit und des Todes. In der modernen Literatur findet sie ihren Ausdruck in der furchterregenden Vorstellungswelt Kafkas, in der Verzweiflung Eliots und in der von Sartre beschriebenen ekelerregenden Sinnlosigkeit des Lebens.

In diesem Lichte sollte das „Erwachen des Buddha" als das Erkennen einer sinnvollen Lösung der in der Existenz beinhalteten Fragen angesehen werden. Die Lehren des Buddhismus betrachtet man als eine Beschreibung der mit der Verwirklichung eines authentischen Lebens einhergehenden Prozesse. Obwohl die traditionellen Schulen des Buddhismus sich oft in Überlegungen ihrer formalen und strukturellen Komplikationen verloren haben, bleiben dennoch grundlegende existentielle Einsichten sichtbar, die die buddhistische Erfahrung weiter erhellen. Diese Elemente sollten identifiziert und hervorgehoben werden. Es ist wichtig, daß wir dabei jedes sektiererische Vorurteil vermeiden, z. B. Hinayana gegen Mahayana ausspielen usw. Vielmehr sollten wir versuchen, die tieferliegende existentielle und ontologische Bedeutung der in den verschiedenen Schulen vertretenen Doktrinen offenzulegen. Dann wird es uns vielleicht gelingen, die wesentlichen in der Geschichte des Buddhismus entwickelten Einsichten in die Natur des Menschen und in seinen Weg zum Erwachen zu bewahren, ohne einer bestimmten Sichtweise und einer sich auf ihr gründenden Schule Überlegenheit über die anderen Strömungen zuschreiben zu müssen.

III Alleinsein

Die im Offenbarungsereignis liegenden Antworten sind nur sinnvoll, sofern sie in Korrelation stehen mit Fragen, die das Ganze unserer Existenz betreffen.

Paul Tillich[1]

7. Der phänomenologische Ansatz

Bevor wir ein besseres Verständnis für den buddhistischen Pfad gewinnen können, müssen wir die grundlegenden Elemente des menschlichen Daseins begreifen, auf denen die Strukturen dieses Weges aufbauen. Genauer gesagt, müssen wir jene Grundbedingungen menschlichen Daseins erkennen, die wir durch den Pfad authentisch werden lassen. Es ist nicht das Ziel buddhistischer Praxis, einen Überbau über einen sich nicht verändernden Satz passiver Daten zu errichten, sie bewirkt statt dessen die Transformation des Lebens selbst, von einem Zustand der Unordnung und des Chaos zu einer Verfassung der inneren Ganzheit und Sinnerfüllung. „Transformation" beinhaltet, daß da etwas einem Prozeß der Veränderung und Umstrukturierung unterworfen wird. Je klarer wir am Anfang dieses „etwas" beschreiben und wahrnehmen können, desto sicherer wird der Boden sein, auf dem unsere Analyse des Buddhismus steht. Da es sich hier um einen phänomenologischen Ansatz handelt, müssen wir versuchen, unsere gewohnten Bewertungsmuster einmal beiseite zu lassen, und uns erlauben, den „Phänomenen" so gegenüberzutreten, wie sie sich uns darstellen.[2] Dies ist besonders nützlich, da wir uns zunächst auf die Strukturen unserer eigenen Existenz stützen, bevor wir von diesem Punkt aus den Grad ontologischer Entsprechung in der buddhistischen Doktrin bestimmen. Dies kann nur ein vorläufiger Versuch sein, da man in der Praxis Bewertungen selten völlig vermeiden kann. Daher sollte auch jedes durch diesen Ansatz gewonnene Verständnis immer wieder überprüft und im Lichte weiterer Erfahrungen neu bewertet werden.

Alle Lehren des Buddhismus beinhalten bestimmte ontologische Voraussetzungen. Jeder einzelnen Aussage oder Doktrin liegt eine Sicht der ontologischen Konstitution der Menschen und ihrer Möglichkeiten zugrunde. Wenn zum Beispiel gesagt wird: „Verlangen ist die Ursache allen Leidens", wird neben der ausdrücklichen Aussage über eine ursächliche Beziehung zweier offensichtlicher Merkmale menschlicher Existenz auch stillschweigend eine bestimmte menschliche Grund-Struktur vorausgesetzt.[3] Es wird hier festgestellt, daß der Mensch ein Wesen ist, dessen Dasein die Möglichkeit einschließt zu verlangen und zu leiden. Daß er die Fähigkeit besitzt, nach etwas zu verlangen, zeigt, daß das Dasein des Menschen derart gestaltet ist, daß er sich für andere Dinge neben sich selbst interessieren kann. Wenn wir die verschiedenen Aussagen des Buddhismus auf diese Weise analysieren, können wir uns langsam ein Bild von der buddhistischen Sicht des menschlichen Daseins machen. Und es ist genau dies implizit vorhandene ontologische Modell, das wir im Lichte einer phänomenologischen Beschreibung beurteilen sollten. Diese Methodik ermöglicht uns herauszufinden, inwieweit die buddhistischen Lehren mit der tatsächlichen Struktur der menschlichen Existenz im Einklang stehen. Damit sind wir in der Lage zu unterscheiden, welche Einsichten sich auf eine durch Erfahrung gewonnene Kenntnis des menschlichen Daseins gründen und welche Lehrmeinungen nur aus intellektueller Spekulation oder einer übertrieben wörtlichen Interpretation entstanden sind. Es ist wichtig, daß jede erwähnte Daseinsmöglichkeit tatsächlich in der Struktur der menschlichen Existenz verankert ist und nicht nur als bloßes Wunschdenken existiert, das vielleicht aus bestimmten Aussagen logisch gefolgert werden kann, aber jeder existentiellen Grundlage entbehrt.

Unsere Untersuchung gründet sich hier auf die ontologischen Strukturen des menschlichen Alleinseins und Mitseins.[4] Diese grundlegenden Elemente offenbaren sich in einem paradoxen Merkmal unserer Existenz; wir sind sowohl unausweichlich *allein* als auch unausweichlich *mit* anderen in der Welt. Diese beiden Seinsweisen haben eine Beziehung gleichzeitiger Polarität und Abhängigkeit. Es handelt sich hier um zwei gegensätzliche Pole menschlicher Existenz, die gleichzeitig in einer untrennbaren Einheit miteinander verbunden sind. Unser Gefühl von Alleinsein und Individualität läßt sich nur im Lichte unserer ständigen Koexistenz mit anderen Menschen verstehen. Andererseits können wir nur mit anderen zusammensein und an ihrem Leben teilhaben, da wir und andere tatsächlich unterschiedliche Individuen sind. Unterschiedlichkeit ist ein notwendiger Bestandteil der in jeder Art von Beziehung zu findenden Einheit.

Wir müssen zunächst die Beschaffenheit der beiden Elemente des Alleinseins und der Teilnahme als die grundlegenden Bausteine des menschlichen Seins einer Untersuchung unterziehen, bevor wir sie im Lichte der Einsichten des buddhistischen Pfades betrachten können. Gleichzeitig werden wir untersuchen, ob ein Verständnis dieser Elemente uns dazu verhilft, die Beschaffenheit des Pfades besser zu verstehen. Zur Zeit sind wir einer ständigen Spannung zwischen diesen beiden Polen unterworfen. Manchmal wird unsere Existenz von einem Hang zur Individualität auf Kosten der Teilnahme gestört. Zu anderen Zeiten wird unsere Individualität von der Auflösung bedroht – durch erzwungene oder freiwillige Unterwerfung unter den Willen eines anderen oder unter die Macht eines unpersönlichen Kollektivs. Solange wir menschliche Wesen sind, kann sich ein Pol dieses Gegensatzes nicht vollständig auf den anderen reduzieren. Das Wesen des Menschen wäre unwiederbringlich zerbrochen und er wäre nicht mehr als Mensch erkennbar, würde eine solche Auflösung eintreten. Es gibt jedoch verschiedene Grade existentieller Störungen, die sich aus der Spannung zwischen diesen Gegensätzlichkeiten ergeben.[5]

Jeder dieser Pole repräsentiert einen Bereich der Möglichkeiten, der sich ständig in unseren Gedanken, Worten und Handlungen verwirklicht. Größtenteils ist der Prozeß der Verwirklichung jedoch *nicht-authentisch*. „Nicht-authentisch" bedeutet, daß die Verwirklichung der Gesamtheit unserer Möglichkeiten im Alleinsein oder Mitsein vermieden und beschnitten wird. Im Falle des Alleinseins werden wir sehen, daß die Verwirklichung der Möglichkeiten durch Unwissenheit und Egoismus begrenzt wird, im Falle des Mitseins durch Selbstsucht und Vernachlässigung anderer. Daher zeigen sich in bezug auf diese beiden Pole der Existenz zwei unterschiedliche Arten, nicht-authentisch zu sein: nicht-authentisches Für-sich-sein und nicht-authentisches Mit-anderen-sein. Im Gegensatz dazu ist der buddhistische Pfad ein Mittel, Nicht-Authentizität zu überwinden und authentisches Für-sich-sein und Miteinandersein zu verwirklichen.

8. Alleinsein und Angst

Unser Alleinsein als fundamentale Daseinserfahrung wird uns durch unsere Geburt und, noch deutlicher, durch unseren Tod offenbar. Shantideva drückt diese Einsicht sehr deutlich in folgenden Worten aus: „Allein wird der Mensch geboren, und ganz allein stirbt er."[6] Durch unsere Geburt werden wir wahllos in eine Existenz geworfen, die ausschließlich unsere eigene ist. Unsere Existenz ruht in einer starren, sich in die Zukunft erstreckenden Faktizität, die nur eine Sicherheit für uns bereithält – den Tod. Ontologisch gesehen sollte nicht nur der körperliche Akt des Geborenwerdens als „Geburt" bezeichnet werden, sondern auch unser unentrinnbares Verwurzeltsein in den gegebenen unveränderlichen Strukturen unserer Vergangenheit. Dies bezeichnen wir mit dem Ausdruck „Faktizität".[7] Die eigene Faktizität offenbart sich einer Person nur selbst und kann nicht mit anderen geteilt werden. In der Einsamkeit werden wir immer wieder mit unserem Geboren-Sein konfrontiert. Daß wir uns dessen bewußt sind, wird vielleicht selten begrifflich ausgedrückt, ist aber ein grundlegender Modus unserer Befindlichkeit in der Welt.

Wir können unserem Verwurzeltsein in einer Anzahl festgelegter Strukturen nicht entrinnen; dies liegt gewissermaßen immer hinter uns. Meistens interessieren wir uns jedoch nicht bewußt dafür. Statt dessen richtet sich unsere Existenz ständig nach vorne aus – in eine ungewisse Zukunft. Was vor uns liegt, wird uns durch die Konfrontation mit verschiedenen Möglichkeiten gezeigt. Diese Möglichkeiten sind jedoch nicht uneingeschränkt und unendlich, sondern sie sind durch die Struktur unserer tatsächlichen Existenz begrenzt. Innerhalb der Anzahl von Möglichkeiten, die uns offenstehen, steht es uns jedoch frei, aktiv auszuwählen und zu entscheiden und damit die Zukunft zu bestimmen. Unsere Wahl ist demnach insofern frei, „als sie weder eindeutig von den Bedingungen vorherbestimmt wird, unter denen sie getroffen wird, noch vollständig unabhängig von Bedingungen ist".[8] Unser Leben spielt sich daher noch im Rahmen einer anderen Polarität ab – zwischen Faktizität und Möglichkeit. Wir existieren inmitten der Spannung zwischen diesen beiden Polen. Wir stehen ständig zwischen dem unausweichlich „Vorgegebenen" und dem unausweichlich „Nicht-Vorgegebenen". Sartre drückt dies kurz und prägnant so aus: „Die Menschen sind dazu verdammt, frei zu sein."[9]

Die Zukunft liegt in all ihrer Unsicherheit vor uns. Diese *Unsicherheit* wird jedoch letztendlich paradoxerweise von der unausweichlichen Sicherheit des Todes beschnitten.[10] Heidegger drückt dies folgendermaßen aus: „Der Tod ist die Möglichkeit der schlechthinnigen Daseinsunmöglichkeit".[11] Der Tod ist nicht, wie meistens angenommen wird, ein Ereignis, das einfach irgendwann einmal eintritt. Er ist als Möglichkeit ständig vorhanden, und unsere Handlungen werden durch ihn entweder bewußt oder unbewußt bis zu einem gewissen Grade bestimmt. Die Spannung zwischen Faktizität und Möglichkeit wird daher auch durch den Tod erzeugt, denn er ist die einzige Möglichkeit innerhalb unserer vorgegebenen menschlichen Existenz, die nicht vermieden werden kann. Seine absolute Unvermeidlichkeit zeigt uns, daß er ein grundlegender Baustein des Lebens ist. Das Leben bewegt sich unaufhörlich auf den Tod zu, auf den Moment – vielleicht kommt er heute oder auch erst in vielen Jahren –, in dem alles in dieser Welt endgültig für uns zu einem Ende kommen wird. Im Tode sind wir der äußersten Einsamkeit ausgesetzt. In Momenten, in denen diese überwältigende Möglichkeit uns erschauern läßt, werden wir uns der beunruhigenden Tatsache bewußt, daß wir allein, unbedeutend und hilflos sind. Es nützt nichts, solche Gedanken als morbid und pessimistisch abzutun: Wir können dem Tod nicht entrinnen, und in jeder Betrachtung der Menschheit muß dieser Tatsache volle Beachtung geschenkt werden.

All dies dient dazu, die eigentlichen Grundlagen unseres In-der-Welt-seins zu beschreiben. Mit Hilfe von Heideggers Analyse versuchen wir, einen Einblick in die ontologische Basis zu gewinnen, aus der unser Denken, Fühlen und Handeln entsteht und möglich wird. Innerhalb des Bereiches des Alleinseins schwebt unsere Existenz gewissermaßen im Raum der Möglichkeit zwischen Geburt und Tod, denen das Unergründliche vorausgeht und folgt. Diesen nicht so leicht wahrnehmbaren, aber tiefgründigen Umständen müssen wir während unseres Lebens gegenübertreten. Unsere Rolle ist jedoch nicht die eines passiven Zuschauers; wir sind in die Existenz *geworfen,* und ihre Möglichkeiten werden uns *aufgedrängt.* Wir sind dauernd mit einer Zukunft konfrontiert, die unwiederbringlich zur Vergangenheit wird, aber während dies geschieht, sind wir ständig aufgefordert, sie im gegenwärtigen Moment zu packen und unsere Möglichkeiten in die Wirklichkeit *zu projektieren.* Unsere Gedanken und Handlungen sind daher ursprünglich Reaktionen auf unser bloßes In-der-Welt-sein. Sie sind Versuche, den Sinn einer überwältigenden, unbegreiflichen Existenz zu verstehen, Versuche, Glück und Sicherheit in einer fremden und erschreckenden Gegenwart zu finden.

Die Menschen stehen vor der Aufgabe, die Verantwortung für ihre Existenz übernehmen zu müssen. Ihr In-der-Welt-sein obliegt von Anfang an ihrer eigenen Sorge. Angesichts des bedrohlichen und unausweichlichen Schattens des Todes jedoch wird unsere Existenz selbst als angsteinflößend, als zu massiv und überwältigend empfunden, um in ihrer Gesamtheit angenommen werden zu können. Wir weichen vor der Unermeßlichkeit des Daseins und der Bedrohung durch den Tod zurück und stürzen uns in die Beschäftigung mit den Dingen der Welt.[12] Auf diese Weise flüchten wir uns vor unserem essentiellen Sein in die illusionäre Sicherheit, die uns durch äußere, aus einzelnen Dingen zusammengesetzten Situationen gewährt wird. Wir beschäftigen uns damit, Dinge so zu manipulieren und zu organisieren, daß, so hoffen wir, unsere Ängste und Befürchtungen in einer völlig sicheren Welt zur Ruhe kommen können. Wir rechtfertigen diese Handlungen, indem wir uns auf die Autorität anderer berufen – der Öffentlichkeit, der Mehrheit.[13] Dabei verlieren wir jedoch unser eigentliches Selbst, und unsere Äußerungen werden zu stereotypen Echos dessen, was alle anderen denken und sagen. Kurz gesagt, wir verlieren uns in der Dimension des Habens.

Wir flüchten uns vor unserer existentiellen Verantwortung in die Beschäftigung mit den Dingen der Welt. Dies ist ein grundlegendes Merkmal nicht-authentischen Alleinseins. Es zeigt auch die grundlegende Beschaffenheit unseres samsarischen Lebens. Die Wurzel dieser Seinsweise ist ein Zustand der Unwissenheit[14], in dem wir dem Sein gegenüber blind sind und nur das Seiende wahrnehmen.[15] In unserer Unwissenheit schreiben wir den Dingen, mit denen wir uns befassen, eine inhärente Unabhängigkeit zu und erheben sie damit in die illusionäre Position eines letztendlichen Wertes. Wir selbst, andere, die Dinge in der Welt und auch die Welt selbst werden instinktiv so betrachtet, als besäßen sie ihre eigene abgetrennte Selbstexistenz, ohne von irgendwelchen anderen ursächlichen und bedingenden Faktoren oder Bestandteilen abhängig zu sein. Wir finden uns allein und ohne wirkliche Bezogenheit in einer aus zahllosen endlichen Dingen bestehenden Welt wieder. Dies scheint uns Sicherheit, Vorhersehbarkeit und leichte Handhabung zu gewährleisten. Wir können uns sicher fühlen, wenn wir uns mit Dingen beschäftigen, die innerhalb festgelegter Begrenzungen existieren. Dabei vermeiden wir, uns mit der besorgniserregenden Unverständlichkeit unserer Existenz in ihrer Gesamtheit auseinanderzusetzen. Unglücklicherweise versorgt uns unsere Flucht ins Samsara jedoch nur mit einem illusionären Gefühl von Sicherheit und Wohl-Sein. Sosehr wir auch versuchen, uns selbst davon zu überzeugen, daß alles in Ordnung ist und daß wir uns wirklich keine Sorgen machen müssen; wir können es nicht verhindern, daß die unserer Existenz zugrundeliegenden Spannungen hin und wieder hervorbrechen und uns aus unserer Gleichgültigkeit aufschrecken.

In diesen Momenten empfinden wir *Angst*. Diese Angst ist etwas ganz anderes als Furcht, deren Objekt immer ein Ding in der Welt ist und die daher überwunden werden kann, indem entweder das Objekt entfernt wird oder man sich selbst vom Objekt entfernt.[16] Angst richtet sich nicht auf ein bestimmtes Ding, sondern auf unsere Existenz als solche. „Das Wovor der Angst ist das geworfene In-der-Welt-sein; das Worum der Angst ist das In-der-Welt-sein-können."[17] Durch diese Angst werden wir mit der überwältigenden Tatsache unseres Alleinseins im Geborenwerden und angesichts der Unausweichlichkeit des Todes konfrontiert. Was wir zu vermeiden suchten, indem wir in die Domäne des Seienden auswichen, ist plötzlich in seinem ganzen Ausmaß gegenwärtig. Es erzeugt Angst in uns, da es den Kern der Sicherheit und Sinnerfülltheit bedroht, die wir glaubten in der Welt der Dinge gefunden zu haben. Solch eine ontologische Angst kann uns völlig aus dem Gleichgewicht bringen; denn einmal in ihrem Griff, sehen wir, daß wir unser ganzes Leben damit vertan haben, ruhelos entfernten Schatten und Phantomen nachzujagen, während wir das, was uns am nächsten liegt, nämlich unsere eigentliche Existenz, ignorierten. Wir müssen der beunruhigenden Tatsache ins Gesicht sehen, daß unser Versinken im Bereich der Dinge eine sinn- und hoffnungslose Flucht vor etwas ist, dem wir nie entkommen können. Wie sehr wir auch versuchen, die Angst zu übergehen, sie als neurotisch oder irrational abzutun und ihren Inhalt dadurch zu vergessen, daß wir uns wieder den dringlicheren Belangen der Welt zuwenden – dem Tod können wir nicht entrinnen.

Wir werden hier an Prinz Siddharta erinnert, der – obwohl er von allen materiellen Reichtümern und sinnlichen Vergnügungen umgeben war, die er begehrte – doch vom Leben im Palast tief enttäuscht war. Sein Vater hatte nichts unversucht gelassen, die wirkliche Beschaffenheit der Existenz vor ihm zu verstecken, aber der Prinz hatte einen Alten, einen Kranken, eine Leiche und einen Bettelmönch gesehen, als er sich außerhalb des Palastes aufhielt. Diese Geschehnisse erzeugten in ihm ein lebendiges Gewahrwerden seiner ontologischen Beschaffenheit – in die Welt geworfen zu sein und sterben zu müssen. Er war nun mit seiner Existenz als solcher konfrontiert, was er vorher durch sein Aufgehen in der Welt der Dinge vermieden hatte. Er hatte dies damit gerechtfertigt, daß er sich der ihm von den „anderen", der Öffentlichkeit (die in der Geschichte durch den König symbolisiert wird), auferlegten Identität zu unterwerfen gehabt hatte. Als dann die Illusion der Sicherheit in der Welt der Dinge zerbrach und er das Ausmaß seiner existentiellen Verantwortung erkannte, empfand er eine tiefe Angst. „Obwohl der Sohn des Shakya-Königs von kostbarsten Sinnesobjekten umgeben war, fühlte er sich nicht sicher und fand keine Zufriedenheit, *wie ein Löwe, dem ein giftiger Pfeil tief ins Herz gedrungen war.*"[18] Dieser Zustand der Angst war es, der ihn dazu zwang, der Welt zu entsagen, da deren Werte einzig im Bereich des Seienden lagen. Er tat es, um seine Existenz in ihrer Gesamtheit anzunehmen und zu ihrem tiefen inneren Sinn vorzudringen.

Bei genauer Betrachtung können wir hier zwei Ebenen der Angst unterscheiden. Die erste, die meist unartikuliert und instinktiv ist, treibt die Menschen dazu, in der Welt der Dinge aufzugehen. Die zweite ist wesentlich bedrohlicher und geht mit größerer Verzweiflung einher. Sie basiert auf der Einsicht, daß wir durch ein solches Aufgehen nicht der Verantwortung entgehen, unserer eigenen Existenz in ihrer Gesamtheit ins Auge sehen zu müssen. Die fundamentale Angst, die uns dazu motiviert, in die Welt zu fliehen, schieben wir zeitweise beiseite, indem wir hoffen, daß die Objekte und Situationen der Welt uns eine letzte

Zuflucht gewähren können. Wenn wir entdecken, daß diese Zuflucht illusionär ist, werden unsere Hoffnungen zerschmettert, und unsere ursprüngliche Angst steigert und intensiviert sich. Wir leiden unter heftigen Gefühlen von Verzweiflung, Hoffnungslosigkeit und Leere. Wir empfinden diese tiefe und grundlegende Angst vielleicht nur für einen oder wenige Momente – dann decken wir sie hastig mit unseren gewohnten Rationalisierungen und alltäglichem Geplapper zu. Aber solange wir im Bereich der Dinge verloren sind, bleiben wir vor solchen unvorhersehbaren Ausbrüchen nicht sicher. Heidegger drückt dies so aus: „Die Angst ist da. Sie schläft nur. Ihr Atem zittert ständig durch das Dasein."[19]

Für einige Menschen, vielleicht für die Mehrzahl, können Angstzustände auf die Randbereiche ihrer Existenz begrenzt und als vorübergehende Launen beiseitegeschoben werden. Andere wieder begreifen die Bedeutung der Angst, sie sehen, daß sie uns eine grundlegende Einsicht in die menschliche Existenz gewährt. An diesem Punkt angelangt, wird ihr Gewissen ihnen nie wieder erlauben, selbstzufrieden in den Dingen der Welt aufzugehen. Jeder Versuch, dies zu tun, würde tief im Inneren als ein Betrug an ihren wahren Instinkten erfahren werden. Dinge, die diese Menschen vorher mit größter Freude genossen haben, werden nun als seicht, hohl und irgendwie bedeutungslos empfunden. Es wird immer offensichtlicher, daß die Versunkenheit in die Welt der Dinge keine Zuflucht bietet. Daher setzen diese Menschen keine Hoffnungen mehr in sie.

An diesem entscheidenden Kreuzweg menschlicher Existenz gibt es grundsätzlich zwei Möglichkeiten: Entweder können wir die Existenz allgemein und die menschliche Existenz im besonderen als in ihrem Wesen sinnlos und absurd abtun, oder wir können unsere Hoffnungen in die Verwirklichung eines tieferen, in der Welt der empirischen Fakten nicht sofort sichtbaren Sinns und Zwecks setzen. Es ist zweifelhaft, ob die erste dieser beiden Alternativen, wenn konsequent durchgeführt, in der Praxis überhaupt eine ausreichende Basis für eine wahrhaft menschliche Existenz bieten kann. Ein gewisses Element der Hoffnung scheint für die effektive Fortführung jeder Art menschlichen Lebens nötig zu sein.

In der zweiten Alternative wird das Erreichen eines Zieles zum Inhalt unserer Existenz, von dem behauptet wird, daß es unser gesamtes menschliches Potential verwirklicht. Solche Ziele sind vielgestaltig und verschieden, genauso wie die von ihnen inspirierten Gedanken- und Handlungs-Pfade. Sie umfassen das kommunistische Utopia des Marxismus, das christliche Königreich des Himmels wie auch das Nirvana des Buddhismus. Hier wollen wir uns hauptsächlich der Erklärung des Weges und Zieles des Buddhismus zuwenden.

9. Die Zufluchtnahme

Wenn wir die existentielle Bedeutsamkeit dessen erkennen, was durch die Angst offensichtlich geworden ist, können wir nicht mehr glauben, daß uns die einzelnen Objekte und Situationen der Welt Sicherheit bieten. Wir gehen durch einen Prozeß der Desillusionierung und werden wieder mit unserer nackten Existenz konfrontiert. Wir sind gezwungen, diesen Tatsachen direkt ins Auge zu schauen, ohne der Versuchung zu unterliegen, sie wieder durch Flucht oder Vermeiden zu vertuschen. Wir müssen die sich uns offenbarende ontologische Verfassung der Faktizität und Möglichkeit in ihrer Gesamtheit begreifen und dabei unser völliges Alleinsein, unsere Endlichkeit und Zerrissenheit akzeptieren lernen. In diesen Momenten, in denen wir das Gegebene ängstlich anerkennen, sind wir fähig, wenn auch vielleicht nur sehr unklar und flüchtig, die Phänomene unseres All-Seins statt unseres Nicht-Seins wahrzunehmen. Ein solches Sein ist nicht statisch und passiv; es ist ein dynamisches, auf Faktizität gegründetes und sich in die Möglichkeit hinein öffnendes Werden. Als solches steht es als unausgesprochene Frage vor uns: „Zu welchem Zweck?" Existentiell gesehen geht die teleologische Frage allen nicht-teleologischen voraus. Das heißt, daß der *Zweck* unserer Existenz von entscheidendem Interesse ist, da wir uns ständig vorwärtsbewegen, auf seine potentielle Verwirklichung zu. Die *Ursachen* unserer Existenz liegen dagegen im Bereich des faktisch Gegebenen und sind für uns keine Möglichkeit mehr. Wenn die Frage nach dem tieferen Sinn und der Bedeutung unseres Lebens angsterfüllt in unserem Inneren ertönt, sind wir gezwungen, eine Antwort zu finden, die aus einer vergleichbaren Tiefe kommt und uns Hoffnung gibt.

Die Frage stellt sich uns anfänglich nicht auf einer begrifflichen Ebene, sondern ontologisch; unser Sein selbst wird für uns zur Frage. Die Formulierung solcher Fragen, wie „Was ist der Zweck der Existenz?" oder „Welche Bedeutung hat das Leben?" ist eine nachträgliche Versprachlichung, die sich auf einen unausdrückbaren Seinsmodus bezieht. Fragen dieser Art beziehen sich, wie alle artikulierten Klänge, notwendigerweise auf etwas.[20] Wie könnten Fragen in uns existentielles Interesse hervorrufen, wenn wir uns ihrer nicht bereits vorher, durch die Beschaffenheit der Existenz selbst, bewußt geworden wären. Wir laufen hier Gefahr, die ontologische Fragestellung mit ihrer begrifflichen Widerspiegelung gleichzusetzen und die Antwort ebenso auf einer rein begrifflichen Ebene zu suchen. Dies ist ein unrealistisches Unterfangen. Eine Fragestellung wie „Welchen Sinn hat das Leben?" wird nie befriedigend von einem Satz beantwortet werden können, der besagt: „Der Sinn des Lebens ist x,y,z." Wenn man diese Frage rein begrifflich betrachtet, hat sie nur geringe Bedeutung. Erst wenn sie nicht mehr unter dem Gesichtspunkt ihrer grammatikalischen Subjekt-Verb-Objekt-Struktur betrachtet wird, sondern innerhalb ihres ursprünglichen Kontextes – der Existenz selbst –, können wir beginnen, nach einer Antwort zu suchen. Solch eine Antwort kann ebenfalls nicht den Begrenzungen sprachlicher Formulierung unterworfen sein; auch sie muß innerhalb einer existentiellen Struktur aufgezeigt werden. Um wirklich sinnvoll zu sein, muß sie sich direkt auf die Struktur der Frage beziehen. Und da die Frage – das Leben der Menschen – in ihrer Struktur menschlich ist, muß auch die Antwort dem entsprechen.

Für einen Buddhisten liegt die Antwort auf die mit der Existenz verbundenen Fragestellungen im Buddha selbst. Das Leben des Buddha Shakyamuni – seine Entsagung, seine Erleuchtung und seine aktive Anteilnahme am Leben anderer – gibt eine existentielle Antwort auf die existentiellen Fragen der Menschen. Ob jemand Buddhist ist, wird nicht nur dadurch bestimmt, ob er bestimmte Glaubenssätze annimmt und andere ablehnt. Die Essenz des buddhistischen Glaubens liegt in einer ontologischen Verpflichtung, die allen begrifflichen Formulierungen vorausgeht. Diese Verpflichtung besteht darin, die Buddhaschaft als Antwort auf die existentiellen menschlichen Fragen anzuerkennen und das Leben voller Hoffnung neu auf diesen Seinsmodus auszurichten. Hier wird eine ontologische Verbindung zwischen unserem gegenwärtigen Zustand menschlicher Faktizität und seiner optimalen Möglichkeit geschmiedet.[21] Unser Dasein, wie es sich uns in unserer Angst offenbart, erstreckt sich in seiner Gesamtheit bis zur Hoffnung auf Erfüllung und Sinnhaftigkeit, wie sie sich im Buddha manifestiert. Diese Verpflichtung ist also eine tief in unserem Inneren stattfindende Bewegung und nicht nur der Austausch eines Glaubenssytems gegen ein anderes. So wie der sprachliche Ausdruck einer existentiellen Frage die begriffliche Widerspiegelung eines tieferen Anliegens ist, so ist die intellektuelle Formulierung eines Glaubenssystems die begriffliche Widerspiegelung des Akzeptierens einer existentiellen Antwort. Wenn die Ebene eines tieferen, nicht verbalisierbaren Anliegens ignoriert oder vergessen wird und statt dessen metaphysische Spekulationen, Glaubensbekenntnisse, organisierte Sekten und umständliche Rituale den wichtigsten Platz innerhalb einer Religion einnehmen, entsteht die Gefahr, daß sie das Opfer weltlicher, am Haben orientierter Interessen wird. Die existentielle Dimension des Buddhismus muß immer wieder hervorgehoben werden, damit er wirklich lebendig bleibt und seine Gültigkeit behält.

Die Dynamik der „Zufluchtnahme" entsteht im wesentlichen aus den beiden Faktoren Angst und Hoffnung.[22] Angst ist die Ursache, aus der heraus man Zuflucht sucht, und Hoffnung ist der Kern der Zufluchtnahme. Wir haben gewohnheitsmäßig die Tendenz, der Verantwortung für unsere Existenz in ihrer Gesamtheit ängstlich zu entfliehen und unsere Hoffnungen auf die einzelnen Objekte und Situationen der Welt zu setzen. Dies gewährt uns allerdings keine sichere Zuflucht, und die anfängliche Angst schleicht sich immer wieder ein. Nun nehmen wir Zuflucht zu Buddha, und dies macht einen großen Unterschied. Vorher haben wir versucht zu *vermeiden*, unserem Dasein ins Antlitz zu schauen, aber nun *nehmen wir* unser Dasein *an* und erhoffen all sein Potential im durch Buddha offenbarten optimalen Seinszustand zu verwirklichen. Nur durch ein vollständiges Annehmen dessen, was wir sind, und dadurch, daß wir uns auf einen auf die Entwicklung unserer Gesamtheit ausgerichteten Pfad begeben, kann die Angst transzendiert und letztlich überwunden werden. Hier stoßen wir auf ein charakteristisches Merkmal des Buddhismus, nämlich, daß der Buddha keinen absoluten übermenschlichen Wert repräsentiert, sondern für einen optimalen, vom Menschen selbst zu verwirklichenden Seinsmodus steht. Insbesondere die Jataka-Literatur zeigt sehr deutlich, daß Shakyamuni zu einem Buddha *wurde*, indem er sein eigenes Potential schrittweise zur Erfüllung brachte. Der Mensch geht hier tatsächlich dem Buddha voraus.

Es ist wichtig zu verstehen, daß wir Zuflucht nicht zu Shakyamuni nehmen, sondern zu Buddha. Der Buddha repräsentiert einen Seinsmodus, der historisch von Shakyamuni verwirklicht wurde und den Shakyamuni und seine Anhänger der Menschheit gegenüber in Taten und Worten zum Ausdruck brachten. Jede bedeutende Entwicklung in der Geschichte der buddhistischen Gemeinschaft entstand einfach dadurch, daß tiefere Einsichten in das Wesen des Buddha gewonnen wurden und diese dann der Gemeinschaft gegenüber in den besten verfügbaren Begriffen der jeweiligen Zeit zusammenhängend ausgedrückt wurden. Wir haben bereits gesehen, daß in der frühen Gemeinschaft die vom

Buddha erlangte Erleuchtung und Freiheit des Nirvana betont wurden, während in der späteren Gemeinschaft seine altruistische Teilnahme an der Welt der Menschen und seine Transzendierung des Quietismus mehr im Vordergrund standen. Es wurden dabei jeweils andere Facetten der essentiellen Beschaffenheit des Buddha ans Licht gebracht, während die Gemeinschaft sich bemühte, den inneren Kern seiner existentiellen Antwort auf ihre Angst zu verstehen.

Zuflucht wird nun nicht allein zu Buddha genommen, sondern zu den „Drei Juwelen": Buddha, Dharma und Sangha. Obwohl der Buddha immer das zentrale Prinzip der Zuflucht bleibt, wird hier das Wesen dieser Zuflucht dreifach aufgeteilt, um die gesamte Beziehung zwischen dem Menschen in seinem gegenwärtigen samsarischen Zustand und dem optimalen menschlichen Seinszustand zu erfassen.[23] Die Zuflucht zum Buddha gehört sowohl zur Ursache als auch zum Ergebnis des Prozesses des Authentisch-Werdens. In der Manifestation des historischen Shakyamuni wurde eine authentische menschliche Existenz beispielhaft dargestellt. Durch seine Worte und Taten bildete sich ein Brennpunkt der Inspiration und Anleitung für andere. Der „ursächliche" Aspekt in der Zuflucht zum Buddha sind seine Anweisungen, die den Prozeß des Authentisch-Werdens erklären und initiieren. Der „resultierende" Aspekt in der Zuflucht zum Buddha ist der optimale Seinszustand – die Buddhaschaft –, die als Ergebnis am Ende dieses Prozesses steht. So repräsentiert der Buddha die dynamische Einheit zweier Elemente: Die aktive Teilnahme an der Welt, die gleichzeitig der sichtbare Ausdruck seines gesamten Wesens ist. Dharma bezieht sich auf den Prozeß des Authentisch-Werdens selbst.

Hier können wir ebenfalls zwei Aspekte unterscheiden: „Pfade" und „Beendigungen". Der Ausdruck „Pfad" bezeichnet alle Entwicklungsstadien, die sich ergeben, wenn wir uns aus unserem gegenwärtigen ungeordneten Zustand auf den voll authentischen Zustand hin bewegen; „Beendigung" bezieht sich auf das letztendliche Überwinden entstellter Daseinszustände. Der Begriff „Dharma" bezeichnet unter anderem die von Shakyamuni und seinen Nachfolgern gegebenen Lehren und Anweisungen, die die Verwirklichung dieses Entwicklungsprozesses betreffen. Die hauptsächliche Bedeutung des Dharma als Zufluchtsobjekt ist jedoch der Prozeß des Authentisch-Werdens selbst. Die „Sangha" schließlich ist die Glaubensgemeinschaft, die die für die Verwirklichung des Dharma notwendigen günstigen Umstände schafft. Sie setzt sich aus den Individuen zusammen, die den Buddha als die Antwort auf ihre existentielle Lage annehmen und damit begonnen haben, Spannungen und Zerrissenheit ihrer Existenz zu überwinden, indem sie ihr Leben auf den zur Seinsweise des Buddha führenden Pfad des Dharma ausrichten. Wenn wir Zuflucht in die „Drei Juwelen" nehmen, wenden wir uns von allen samsarischen Belangen ab und bemühen uns, unser Leben grundlegend neu zu gestalten, indem wir die Prinzipien von Buddha, Dharma und Sangha in den Mittelpunkt stellen.

Das Wesentliche bei der Zufluchtnahme ist die Verlagerung unseres Interesses: Weg von den Dingen, hin zur Erfüllung der Möglichkeiten unseres Daseins in seiner Gesamtheit durch die Verwirklichung der Buddhaschaft. Dies geht einher mit einem Wechsel von der Dimension des Habens zu der des Seins.

Weil wir uns bisher darauf konzentrierten, die buddhistische Antwort auf die mit dem menschlichen Alleinsein verbundenen Konflikte darzustellen, haben wir den genauso wichtigen Aspekt der menschlichen Teilnahme an der Welt der anderen noch nicht genügend berücksichtigt. Wir werden nun unsere Aufmerksamkeit auf dieses Gebiet menschlichen Daseins und die hier vorhandene Zerrissenheit und Nicht-Authentizität lenken und dabei versuchen, die buddhistische Sicht authentischen Miteinanderseins darzulegen.

IV Mitsein

Als Mitsein „ist" daher das Dasein wesenhaft umwillen anderer... Auch wenn das jeweilige faktische Dasein sich an andere nicht kehrt, ihrer unbedürftig zu sein vermeint, oder aber sie entbehrt, ist es in der Weise des Mitseins.
Martin Heidegger[1]

10. Die ontologische Grundlage der Teilnahme

Wir sind im Bereich unserer Gedanken, Wahrnehmungen und Empfindungen nicht nur unentrinnbar allein, sondern finden uns paradoxerweise auch unentrinnbar in einer Welt mit anderen wieder. Dies sollte nicht nur oberflächlich so verstanden werden, daß jedes Individuum mit zahlreichen anderen Individuen in einer Welt lebt und sie mit ihnen teilt, so wie ein Baum Seite an Seite mit vielen anderen Bäumen steht. Wenn wir hier von Miteinandersein sprechen, meinen wir damit keine räumliche, sondern eine ontologische Beziehung. Unsere Koexistenz mit anderen ist keine reine Zufälligkeit, die ebenso nicht da sein könnte, sondern ein grundlegender Bestandteil unserer Existenz. Selbst wenn wir körperlich allein sind und uns einsam fühlen, sind wir im Grunde mit anderen. Die Tatsache, daß wir uns einsam fühlen können, zeigt, daß Teilnahme ein grundlegendes Strukturelement unseres Daseins ist. Einsamkeit wird nicht nur von einem bestimmten Grad an Isolation gekennzeichnet, sondern ist auch immer ein Mangel an Teilnahme.[2] Von Anbeginn unserer Existenz sind wir unauflösbar mit anderen verflochten. Dies geschieht jedoch nicht von außen, es sind nicht äußere Faktoren, die uns zufällig miteinander in Kontakt bringen. Unsere Verbundenheit entsteht im Inneren, sie ist ein Grundbaustein unseres Daseins.

Es sind insbesondere zwei Faktoren, die diese tiefliegende Struktur des Miteinanderseins veranschaulichen: Gedanken und Sprache. Diese beiden Phänomene sind untrennbar miteinander verbunden: Wir denken schweigend in unserem Inneren in der Sprache, die wir sprechen, und in unserer Sprache drücken wir unsere Gedanken anderen gegenüber aus. Obwohl Gedanken nur in der Sphäre des Alleinseins stattfinden, die unzugänglich für andere ist, bezeugt ihr Auftreten doch die Gegenwart anderer. Zum einen haben die Worte und Ideen, in denen wir denken, nur im Zusammenhang des überindividuellen Bezugsrahmens einer allgemeinen linguistischen Übereinkunft einen Sinn. Zum anderen wird das innere Ziel eines Gedankens nur dann voll erreicht, wenn er durch eine sprachliche Äußerung zur Reife gebracht wird, durch die andere Zugang – wenn auch nur indirekt – zu unserer persönlichen Erfahrung haben. Eine innere Erfahrung wird in der Tat erst wirklich vollständig, wenn sie *in Worten ausgedrückt* wird.[3] Ganz gleich wie tiefsinnig eine Einsicht auch sein mag, solange sie nicht artikuliert, sondern nur im Inneren bewegt wird, bleibt sie eindimensional und unvollständig. So unzureichend unsere Worte und Begriffe auch sind, wenn wir versuchen, unsere Erfahrungen anderen exakt zu übermitteln, so werden sie doch erst im begrifflichen Ausdruck uns selbst gegenüber und im nachfolgenden Ausdruck anderen gegenüber wirklich vollständig. Nur wenn wir ihr Ausdruck verleihen, kann eine innere Erfahrung einen Grad von Komplexität erlangen, der im Einklang mit unserer ontologischen Veranlagung steht. Wirkliches Verstehen, sei es in bezug auf äußere Gegebenheiten oder auf uns selbst, wird weder von unserer eigenen inneren Wahrnehmung noch von der Klarheit begrifflicher Formulierung garantiert. Solch ein Verstehen erwächst aus einer höheren dialektischen Einheit, die auf einem dieser beiden Pole basiert, jedoch nicht auf ihn reduziert werden kann.

Die Sprache, sei es in der Form des Selbstgespräches oder in der Kommunikation mit anderen, ist aufgrund der wesentlichen Rolle, die sie in unserem Leben spielt, der offensichtlichste Beweis für das unsere

Existenz durchziehende, unausweichliche Miteinandersein. Gedanken und Sprache sind nur im Zusammenhang mit einem Wesen denkbar, das in seinem Kern mit anderen ist. Es ist bemerkenswert, daß die Sprache, in Form von Gedanken und Rede, sowohl in der hellenischen als auch in der buddhistischen Tradition nicht als zweitrangiges, sondern als ein definierendes Merkmal des Menschen betrachtet wird. Im klassischen griechischen Gedankengut wird der Mensch als „das Lebewesen mit der Fähigkeit zu reden" definiert. Die buddhistische Definition lautet ähnlich: „Das Wesen, das spricht und Bedeutungen versteht."[4] Da Sprache nur für den möglich ist, der mit anderen ist, beinhalten diese Definitionen, daß das Miteinandersein ein Kernstück des menschlichen Seins und nicht nur ein nebensächliches Merkmal ist. Daher können wir eine Sicht der menschlichen Entwicklung auch nicht als vollständig betrachten, wenn sie das Miteinandersein nicht angemessen berücksichtigt.

Wenn wir die eben dargestellte Analyse akzeptieren, scheint es, daß wir der Erfüllung unserer Fähigkeit, mit anderen zu sein, *erstrangige* Bedeutung einräumen sollten. Denn es ist dieses Potential – in seiner entwickeltsten Form als Sprache –, das den Menschen definiert. Dann können wir auch erkennen, daß jene, die Gedanken, Ideen und Worte als die Wirklichkeit verschleiernde „bloße Rationalisierungen" abtun, etwas sehr Wesentliches übersehen. Indem sie es ablehnen, das Denken zu entwickeln, vermindern sie ihre Fähigkeit zu authentischem Miteinandersein und laufen Gefahr, sich auf einen Pfad eindimensionaler Spiritualität zu begeben.

Eine wachsende Bewußtwerdung der Bedeutung des menschlichen Miteinanderseins bildete die Grundlage für das schrittweise Entstehen der sogenannten „Mahayana"-Strömungen innerhalb der buddhistischen Gemeinschaft. Als sich die Bewegung während der ersten Jahrhunderte n. Chr. in klar definierte Traditionen aufgliederte, hatte sich durch eine Verschiebung des Schwerpunktes eine völlige Neuorientierung entwickelt. Statt wie bisher das Ideal des Arhat zu betonen, stand nun das des Bodhisattvas im Vordergrund. Die beiden folgenden Aussagen illustrieren auf extreme Weise, wie unterschiedlich die beiden nun existierenden Strömungen waren. Im *Dhammapada*, einer der frühesten buddhistischen Gedichtsammlungen, heißt es: „Ist auch das Wohlergehen anderer noch so wichtig, sollte das eigene Wohlergehen doch nicht vernachlässigt werden. Das eigene Wohlergehen klar im Auge, verfolge eifrig dein eigenes Interesse."[5] Einige Jahrhunderte später schreibt Shantideva dagegen: „Hat man das Selbst als fehlerhaft erkannt und die anderen als Tugendmeere, soll man die Aufgabe des Selbst und die Annahme des anderen üben."[6] Eine solch grundsätzliche Veränderung in der Einstellung einer Gemeinschaft muß auf einer ebenso grundsätzlichen Neubewertung der Kern-Struktur des menschlichen Seins beruhen. So kann man sagen, daß die *Form* des Mahayana-Buddhismus zwar durch die im Indien der ersten Jahrhunderte n. Chr. vorherrschenden kulturellen und philosophischen Richtungen geprägt wurde, sein *Inhalt* aber aus der Suche nach größerer spiritueller Erfüllung entstand. Mit „innerer Suche" bezeichnen wir hier das tiefe Bedürfnis, das dem Menschen wesenseigene Merkmal des Miteinanderseins ins religiöse Leben miteinzubeziehen.

Auch wenn die obige Interpretation plausibel klingen mag, erscheint der Versuch, eine bestimmte historische Entwicklung des Buddhismus in der Terminologie der modernen Ontologie auszudrücken, vielleicht doch nicht gerechtfertigt, da hierbei Vorstellungen und Begriffe einer völlig unbuddhistischen weltlichen Disziplin verwendet werden. Vielleicht fragen wir uns, welche Lehrmeinungen des Buddhismus den Gebrauch solcher Konzepte rechtfertigen.

Zuerst müssen wir uns einmal vor Augen führen, daß ontologische Begriffe wie „Miteinandersein" meistens nur *implizit* im traditionellen religiösen Gedankengut vorhanden sind und daher erst im nachhinein von der phänomenologischen Analyse ans Licht gebracht werden. In der Literatur des Mahayana findet man jedoch starke Hinweise darauf, daß ein tiefes unausgedrücktes Gewahrsein des Miteinanderseins vielen der Lehrmeinungen als Thema zugrundeliegt. Vorstellungen wie die des „Erleuchtungsgeistes", der „Methode" und des „Formkörpers" beruhen ganz offensichtlich auf dem Bedürfnis, unsere grundlegende Bezogenheit auf andere mit ins Zentrum des spirituellen Lebens einzubeziehen.[7]

Unter den buddhistischen Schriftstellern ist es Shantideva, der das Konzept des „Miteinanderseins" am klarsten darlegt, wenn er in seiner *Bodhicaryavatara* über die Gleichheit von Selbst und anderen und das Austauschen von Selbst und anderen spricht.[8] Wir lesen hier in einem Abschnitt: „Warum werden die verkörperten Wesen nicht als Gliedmaßen des Lebens gesehen, so wie die Hände und dergleichen als Gliedmaßen des Körpers betrachtet werden?"[9]

Mit dieser Analogie stellt er die natürliche innere Einheit und Verbundenheit aller Lebewesen dar. An anderer Stelle bezieht er sich auf die gleiche Analogie und führt aus, daß Selbstbezogenheit eine Entstellung dieser grundlegenden Einheit darstellt und daher, in ontologischer Sprache, ein nicht-authentisches Miteinandersein. Er erklärt seinen Standpunkt, indem er auf den Einwand eingeht, daß nur der Leidende selbst mit dem ihm widerfahrenen Leiden umgehen sollte. Er sagt in diesem Zusammenhang: „Das Leiden des Fußes ist nicht das Leiden der Hand. Warum dann eilt die Hand herbei, den Fuß zu schützen?"[10] So stellt er die inhärente innere Einheit der Wesen, die wir als „Miteinandersein" bezeichnet haben, dar und zeigt, wie wichtig es ist, dieses Element ins spirituelle Leben zu integrieren und es dabei authentisch werden zu lassen.

11. Nicht-authentisches Miteinandersein

Miteinandersein ist ein grundlegendes Merkmal unserer Existenzweise. Es nimmt in unseren Einstellungen zu anderen und in unserem Verhalten anderen gegenüber zwei Formen an: Es ist entweder authentisch oder nicht-authentisch. Miteinandersein ist ein wesentlicher Bestandteil des menschlichen Seins, eine Seins-Möglichkeit, der wir nicht entrinnen können. Sie begleitet jede menschliche Tätigkeit. Es ist undenkbar, wirklich menschlich zu sein und geistig gesund zu bleiben, ohne andere miteinzubeziehen, wenigstens implizit. Jede innere Einstellung, jede Äußerung, jede Tätigkeit bringt uns in Beziehung zu anderen. Unsere Gedanken formen Bilder, die wir uns von uns selbst im Umgang mit anderen machen. Unsere Worte und Handlungen vermitteln anderen einen Eindruck von uns. In unseren Beziehungen mit anderen öffnen wir manchmal die Tür zu einem tieferen Annehmen der anderen Person und einer intensiveren Hinwendung zu ihr. Zu anderen Zeiten tendieren wir dazu, uns von den Menschen zurückzuziehen und uns ihrer Notlage gegenüber zu verschließen. In *beiden* Fällen existieren wir im Miteinandersein, im ersten Fall ist es authentisch, im zweiten nicht.

Ursache für jede nicht-authentische Ausprägung des Miteinanderseins ist die innere Einstellung der Selbstbezogenheit.[11] Sind wir einmal unter ihren Einfluß geraten, stellen wir ausschließlich unser eigenes Wohlergehen in den Mittelpunkt unserer Wertvorstellungen und Sinngebung. Eine solche Haltung ist nicht immer offensichtlich. Sie kann ziemlich verschlagen aus dem Hinterhalt heraus unsere Handlungen beeinflussen, selbst wenn jemand äußerlich ein altruistisch eingestellter Mensch zu sein scheint. In solch einem Falle wird, trotz aller hochherzigen Versprechungen und großmütigen Handlungen, letztlich die Wertigkeit der Dinge daran gemessen, ob und wieviel Befriedigung sie einem selbst verschaffen. Selbstbezogenheit ist die Ursache nicht-authentischen Miteinanderseins. Sie verhindert den vollen und unverfälschten Ausdruck unseres essentiellen Miteinanderseins. Sie ist eine Verzerrung dieser Seins-Möglichkeit. Wir sind ständig mit anderen, doch der Einfluß der Selbstbezogenheit bewirkt, daß wir uns immer wieder von ihnen abwenden. Sie verhindert die Entwicklung eines wesentlichen menschlichen Potentials und hemmt daher das Wachstum der Person in ihrer Gesamtheit.

Unter dem Einfluß der Selbstbezogenheit degradieren wir andere zu bloßen Objekten, indem wir all unsere Aufmerksamkeit den eigenen Projekten schenken. Die Einzigartigkeit der anderen wird abgewertet und der Rolle untergeordnet, die sie im persönlichen Drama des einzelnen spielen. Manchmal erscheint es so, als ob die anderen nur im Äußeren existierten oder nur für kurze Momente Subjektivität besäßen, während ich das einzige Subjekt bin und mein Äußeres nur eine unzulängliche Widerspiegelung dessen ist, wofür ich wirklich stehe.

Wir haben hier eine Ich-Es-Situation, in der wir einer anderen Person nicht mehr echt begegnen, sondern ihr wie einem Ding gegenüberstehen. Diese Struktur liegt dem nicht-authentischen Miteinandersein zugrunde und bildet die allgemeine Grundlage für die emotionalen und intellektuellen Entwicklungen, die aus ihm hervorgehen. Selbstbezogenheit kann drei unterschiedliche Ausprägungen annehmen: begehrliche Anhaftung, Abneigung und Gleichgültigkeit. Obwohl diese Haltungen sehr verschieden wirken, liegt ihnen doch allen eine Sicht zugrunde, die andere zu Objekten macht, sie abwertet und sie unseren Eigeninteressen unterordnet.

Begehrliche Anhaftung sieht andere als anziehend und versucht, sie in Besitz zu nehmen oder in den eigenen Einflußbereich hineinzuziehen. Abneigung sieht andere dagegen als unangenehm oder sogar abstoßend und versucht, Kontakt mit diesen Personen zu vermeiden. Gleichgültigkeit ist eine Haltung, bei der die anderen einfach nicht wichtig sind und ihre Freuden und Leiden überhaupt keine Wirkung auf uns haben. Unsere so gearteten Beziehungen zu anderen sind auf die Manipulation einiger Individuen begrenzt, die unsere persönlichen Interessen berühren. Die vielen anderen außerhalb dieses Bereiches ignorieren wir.

Eine der stärksten und vorherrschendsten Formen begehrlicher Anhaftung ist das sexuelle Verlangen, unter dessen Einfluß die andere Person nur danach beurteilt wird, ob sie sich körperlich dazu eignet, unseren sexuellen Trieb zu befriedigen. Alle unsere Versuche, andere zu veranlassen, sich unserem Willen zu fügen, damit wir sie dann dazu benutzen können, unsere eigenen Ziele zu erfüllen, sind begehrliche Anhaftung, seien sie auch noch so subtil.

Abneigung umfaßt sowohl tiefsitzenden Haß als auch sanfte Überredung, die darauf abzielt, jemanden aus dem Weg zu räumen, der die Erfüllung unserer Wünsche verhindert. Gleichgültigkeit ist insofern neutral, daß sie nicht versucht, andere anzuziehen oder abzustoßen. Sie ist aber dennoch nicht-authentisch, da sie anderen nicht die gleiche *Beachtung schenkt*, so wie es die Gleichmut tut, sondern sie alle gleich *unbeachtet läßt*. Auf der Grundlage von begehrlichem Verlangen, von Abneigung und Gleichgültigkeit erwachsen verschiedene entstellte und nicht-authentische Einstellungen anderen gegenüber: Neid, Eifersucht, Unehrlichkeit, Heuchelei, Furcht, Grausamkeit, Rachegefühle und Rücksichtslosigkeit.[12] Auch der Stolz sollte an dieser Stelle nicht unerwähnt bleiben; er resultiert zwar nicht aus begehrlichem Verlangen, Abneigung oder Gleichgültigkeit, ist aber auch eine direkte Folge der Selbstbezogenheit. Er verfestigt unsere Haltung anderen gegenüber, und es entsteht eine Beziehung, in der wir glauben überlegen zu sein. Wir erheben unsere eigene Position und unsere Belange, schauen auf andere herab und sehen sie als uns unterlegen an.

Mit diesen Beispielen möchten wir nicht nur beschreiben, wie bestimmte psychologische Faktoren die Persönlichkeit und die Beziehungen der Menschen untereinander zeitweise beeinflussen. Wir versuchen auch ihren Charakter als nicht-authentische Manifestationen einer grundlegenden ontologischen Struktur aufzuzeigen. Abneigung zum Beispiel ist eine existentielle Haltung, die sich auf der Grundlage der Möglichkeit des Miteinanderseins entwickelt. Sie bestimmt die Art, wie wir in einem gegebenen Moment *mit anderen in der Welt sind*. Aversion erzeugt nicht nur eine psychische Störung, die sich innerhalb der unsichtbaren Grenzen des Geistes abspielt, sondern sie verändert auch unsere Sicht unserer selbst, der Welt und der anderen. Alltägliche Dinge nehmen einen schroffen, bedrohlichen Charakter an. Eine bestimmte Person ragt zwischen all den anderen hervor und türmt sich furchteinjagend vor uns auf. Vielleicht fühlen wir, daß uns der Atem genommen wird oder wir umzingelt werden. Wir ducken uns und sind zum Angriff bereit. Im nicht-authentischen Miteinandersein ist unser innerstes In-der-Welt-sein zerrissen und gestört.

Es ist schwer und höchst unangenehm, sich ein Individuum vorzustellen, in dem keinerlei Spur von warmen und positiven Gefühlen mehr vorhanden ist und dessen Beziehungen zu anderen völlig nicht-authentisch sind. Solch eine Person erscheint uns „unmenschlich". In Wirklichkeit setzen wir uns aus „einer komplizierten, verwickelten Serie zweideutiger Begebenheiten" zusammen.[13] Wir sollten uns nicht von unserem äußeren Zurschaustellen „zivilisierten Benehmens" oder „kultivierten Sozialverhaltens" täuschen lassen und glauben, daß unsere Selbstbezogenheit, begehrliche Anhaftung, Abneigung und Gleichgültigkeit schon mehr und mehr ihre Kontrolle über uns verlieren werden. Es ist äußerst wichtig, den mächtigen und zerstörerischen Einfluß, den diese Elemente auf uns ausüben, klar zu erkennen, und zu verstehen, daß wir von *ihnen* in einem viel größeren Ausmaß beherrscht und kontrolliert werden, als wir es gerne zugeben möchten.

Daher wollen wir nun herausfinden, ob es möglich ist, dieses Chaos zerstörerischer Tendenzen zu entwirren und den Weg zu einem authentischeren Miteinandersein zu finden.

12. Authentisches Miteinandersein

Wir können erst damit beginnen, den Einfluß unserer Selbstsucht zu verringern, wenn wir uns unserem wirklichen Sein öffnen. Dies läßt uns den Ursprung unserer Beziehungen in einer Tiefe erfahren, in der es nicht eine Spur von Selbstbezogenheit gibt. Wir dürfen nicht vergessen, daß die Selbstbezogenheit eine nicht-authentische Entstellung der in diesem Ursprung vorhandenen Möglichkeiten ist – und daher ein Ausdruck eines essentiellen Potentials. Ein authentisches Miteinandersein kann nur entstehen, wenn wir den Wert dieser Grundlage erfahren haben.

Solch eine Erfahrung kann nicht willkürlich erzeugt werden. Wir müssen sie allmählich vertiefen. Beim ersten Schritt sollten wir an den drei Hauptmanifestationen der Selbstbezogenheit – begehrliche Anhaftung, Abneigung und Gleichgültigkeit – und dem daraus resultierenden Ungleichgewicht ansetzen und eine Haltung des Gleichmuts entwickeln.

Gleichmut durchschaut die oberflächliche Tünche aus Anhaftung, Abneigung und Gleichgültigkeit, die wir auf andere projizieren. Unter dem Einfluß von Entstellungen erscheinen uns andere tatsächlich so, als seien ihre begehrenswerten, abstoßenden oder nichtssagenden Merkmale wirklich Bestandteil ihrer vitalen Essenz. Begehrenswert zu sein scheint dann aus dem innersten Wesen der begehrten Person herauszuströmen. Es ist eine Ausstrahlung ihrer Körperbewegungen, ihrer Stimme, ihres Lachens, ihrer Augen, sogar ihrer Kleidung. Wenn unsere Bedürfnisse jedoch befriedigt sind, ist es ziemlich erschütternd zu sehen, wie schnell sich diese vermeintlich essentiellen Merkmale in Luft auflösen und verschwinden. Wir bleiben dann mit einer bedeutungslosen oder sogar abstoßenden Objekt-Person zurück. Die unangenehme Unbeständigkeit unserer nicht-authentischen Beziehungen basiert auf unserer Projektion subjektiv gefärbter Bilder auf andere und der daraus folgenden Verwirrung in bezug auf die tatsächliche Realität der anderen Person. Wir erschaffen ein unberechenbares Ungleichgewicht, indem wir einige Menschen in unsere Nähe ziehen, andere von uns stoßen, während die Übriggebliebenen nur Teil einer unpersönlichen Menge sind, für die wir uns im Einzelfall nicht verantwortlich zu fühlen brauchen.

Wir entwickeln Gleichmut, um langsam diese aus dem Gleichgewicht geratenen Verhärtungen unserer zwischenmenschlichen Beziehungen aufzubrechen. Wenn sich unsere gröbsten Projektionen aufzulösen beginnen, können wir dem uns essentiell gleichen Wesen begegnen, das sich vorher hinter den von uns selbst gefertigten Masken verborgen hatte. Gleichmut nimmt andere so wahr, wie sie sind. Niemand ist von seiner eigenen Seite her begehrenswert, abstoßend oder unbedeutend. Alle sind gleich, da sie Lebewesen sind, die hoffen und fürchten, lieben und hassen, leben und sterben.

Gleichmut kann allmählich entwickelt werden, indem wir unsere momentanen zwischenmenschlichen Beziehungen einer systematischen Analyse unterziehen. Wir stellen uns eine Person vor, mit der wir in einer bestimmten Beziehung – oder im Falle der Gleichgültigkeit in einer „Nicht-Beziehung" – stehen. Dann lassen wir die Gefühle, die diese Person in uns auslöst, entstehen und treten etwas zurück, um einen objektiven Standpunkt einzunehmen. Von diesem losgelösten Standpunkt aus versuchen wir die tatsächliche Person von der Person „wie-sie-mir-jetzt-erscheint" zu unterscheiden. Dies ist nicht so einfach. Wir sind gezwungen, wiederholt und beharrlich über eine Situation nachzudenken. Wir müssen von verschiedenen Seiten an diese Betrachtung herangehen, versuchen, die Person vom Gesichtspunkt anderer zu sehen – oder aus der Perspektive einer Zeit, in der wir sie anders wahrnahmen. Indem wir diese Betrachtung auf immer mehr Menschen ausdehnen, bis wir schließlich jeden einzelnen einbeziehen, dem wir einmal begegnet sind, wird ein wachsendes Gefühl von Gleichmut entstehen. Die Gleichheit der anderen wird uns mehr und mehr bewußt, während die Wahrnehmung ihrer Unterschiedlichkeit langsam verblaßt.[14]

Die Entwicklung von Gleichmut sollte jedoch nicht als das eigentliche Ziel betrachtet werden. Eine gleichmütige Haltung wird zwar die Spannungen und Konflikte vermindern, die aus Anhaftung und Abneigung entstehen und uns friedlicher machen, aber sie verhilft uns kaum zu fruchtbareren zwischenmenschlichen Beziehungen. Sie ermöglicht uns, einige unrealistische Unterscheidungen auszumerzen und andere als gleichwertig zu akzeptieren, aber in ihrer Losgelöstheit ermutigt diese Haltung keineswegs zur aktiven Teilnahme. An der Schwelle zur

Authentizität ebnet diese Einstellung den Weg für den nächsten Schritt: Der Aufgabe, ein sinnvolles Beziehungsmuster aufzubauen.

Die ausgeglichene und offene Haltung des Gleichmuts kann mit einer ebenen sauberen Wand verglichen werden, die, nachdem sorgfältig alle Spuren früherer Bemalungen entfernt wurden, nun als Grundlage für ein neues Gemälde dienen kann. Der Wert einer solchen Wand liegt nicht in ihrer gleichförmig weißen Fläche, sondern darin, daß sie uns die Möglichkeit bietet, ein neues Bildnis zu erschaffen. Gleichmut sollte als ein Geisteszustand betrachtet werden, der entsteht, nachdem zerstörerische Beziehungsmuster aufgelöst wurden. Er ist eine notwendige Voraussetzung für das Entstehen authentischen Miteinanderseins. Sind einmal die im Wege stehenden Symptome der begehrlichen Anhaftung, der Abneigung und der Gleichgültigkeit durch Gleichmut neutralisiert, müssen wir tiefer gehen und die eigentliche Wurzel des Problems, die Selbstbezogenheit, in Angriff nehmen. Der erste Schritt in diesem Prozeß ist es, über die Gleichheit von sich selbst und anderen nachzudenken.

Wenn wir Gleichmut entwickeln, erkennen wir die Gleichheit der anderen – zwischen dieser und jener Person; nun müssen wir dies auf uns persönlich beziehen, indem wir die Gleichheit von uns selbst und anderen erkennen – zwischen mir und dir. Dies schließt die Erkenntnis ein, daß du genau wie ich Wohlbehagen, Sicherheit und Glück suchst und Leiden, Furcht und Schmerz vermeiden möchtest. Genau wie ich machst du dir Sorgen, fühlst du dich allein, hast du Angst und erschauderst vor der Möglichkeit, daß alles sinnlos sein könnte. Hier geht es darum, die gewaltige Last, die die Waagschale zu meinen Gunsten hinunterzieht, langsam Stück für Stück in die andere Waagschale zu legen.

Genau wie beim Entwickeln des Gleichmuts erfordert dieser Prozeß, daß wir wiederholt und beharrlich über diese Dinge nachdenken und sie von vielen verschiedenen Seiten her betrachten. Vor allem erfordert er eine grundsätzliche Offenheit der einzigartigen Präsenz lebendiger, fühlender, bewußter Wesen gegenüber – eine Offenheit, in der wir beginnen, die andere Person nicht mehr als Mittel zum Zweck zu sehen, sondern als ein „du" statt ein „es". In einem solchen Zustand der Offenheit drängen sich uns folgende Fragen auf: „Wenn ich und andere gleich sind, in unserem Wunsch Glück zu besitzen, was zeichnet mich dann vor anderen aus? Warum strebe ich nach meinem Glück allein? Wenn ich und andere gleich sind darin, Leiden vermeiden zu wollen, was zeichnet mich dann vor anderen aus? Warum schütze ich mich selbst vor Leid und andere nicht?"[15] Solche Fragen entstehen nicht als Resultat intellektueller Spekulation. Sie sind nicht nur Äußerungen unserer Gedanken und Münder, sondern unseres Seins.

Wir beginnen hier die Autorität unserer Selbstbezogenheit zu hinterfragen, was wahrscheinlich noch nie zuvor geschah. Die Fragen entstammen keiner Serie deduktiver oder induktiver logischer Schritte (obwohl solche Vorgehensweisen vielleicht bei ihrer Formulierung benutzt wurden), sondern der direkten Erfahrung eines grundlegenden Seinsmodus, unseres Miteinanderseins. Diese Fragen kommen als begriffliche Widerspiegelungen der in der Erfahrung gewonnenen Einsichten zur Oberfläche unseres Bewußtseins. Wenn wir über die Gleichheit von uns selbst und anderen nachdenken, tauchen wir in eine Tiefe, in der wir plötzlich die essentielle Wirklichkeit berühren: *Wir sind miteinander.* Diese erste Erfahrung offenbart uns, daß die Gegenwart der anderen nicht rein zufällig ist, sondern ein wesentlicher Bestandteil unseres Daseins. Wir begegnen anderen nicht nur von ungefähr, sondern sind unausweichlich mit ihnen in der Welt. Wenn uns dies langsam bewußt wird, sehen wir die Selbstbezogenheit als einen aus seiner Verankerung gerissenen Fremdkörper, der nicht Teil dessen ist, was wir wirklich sind. Sie hat ihre Position als unzerstörbarer Angelpunkt unserer Motivation verloren, und es zeigt sich, daß ihr jede ontologische Grundlage fehlt. Sie stellt kein wesentliches Element unseres Daseins dar, sondern verstellt uns den Zugang zu unserem eigentlichen Dasein.

Die Erfahrung um die ursprüngliche Grundlage einer jeden Beziehung markiert den Wendepunkt von einem nicht-authentischen zu einem authentischen Miteinandersein. Die bodenlose und entstellende Natur der Selbstbezogenheit (dies schließt begehrliche Anhaftung, Abneigung, Gleichgültigkeit und all die anderen Abkömmlinge mit ein) tritt zutage, und die Möglichkeit der authentischen Beziehung eröffnet sich. Die Reaktion auf eine solche Erfahrung kann nicht stumme Passivität sein. Unsere Seinsweise wird hinterfragt. Die Direktheit dieser Erfahrung hat etwas Kompromißloses – eine Entscheidung wird von uns verlangt. Das Leben als die fortlaufende Verwirklichung des Seinkönnens setzt sich nie in der Wiege seiner essentiellen Struktur zur Ruhe, sondern findet seine Erfüllung nur in der „Existenz". Miteinandersein ist eine essentielle Struktur, die auf die Dimension des Seinkönnens – der Möglichkeiten – beschränkt ist; aber im Prozeß der Verwirklichung wird es zu einer existentiellen Struktur, durch die wir aktiv mit anderen an der Welt teilhaben.

Wenn Selbstbezogenheit sich als verzerrte „Verwirklichung" des Mitseins entpuppt, das die Erfüllung seines Potentials nur behindert, wird das gesamte Spektrum der im Ursprung des Mitseins vorhandenen Möglichkeiten offengelegt. Wenn die Gesamtheit der Möglichkeiten nicht länger blockiert wird, entfalten sie sich zu einer existentiellen Struktur. Das im wesentlichen passive *Miteinandersein* wird unweigerlich in ein existentiell aktives *Für-andere-sein* verwandelt. Im lebendigen Zusammenhang konkreter Beziehungen äußert sich dies als *Fürsorge*.[16] Genauso wie aus der ursprünglich direkten Begegnung mit dem Mitsein ein bewußtes Fragen entsteht, so erwachen wir nach unserer anfänglichen Anrührung durch das Mitsein zum vollen Ausmaß unserer Möglichkeiten. Dies manifestiert sich vielleicht in einer Entscheidung wie der folgenden: „Des anderen Leid muß ich beseitigen, weil es Leiden ist wie mein eigenes. Und ich muß den anderen helfen, weil sie Wesen sind, wie ich selbst ein Wesen bin."[17]

Fürsorge wird zur Wurzel authentischen Mitseins und wirkt der

Selbstbezogenheit entgegen. Sie entsteht nicht allein als Resultat bestimmter Schlußfolgerungen, die sich logisch aus einem System ethischer Glaubenssätze ableiten lassen. Sie stellt auch keine unaufrichtige und erzwungene Reaktion auf eine uns von den Mitgliedern einer bestimmten sozialen und religiösen Gruppe auferlegte oder abverlangte Verhaltensnorm dar. Bezogenheit auf andere wird nicht dadurch motiviert, daß wir ein bestimmtes Ergebnis oder die Anerkennung unserer Taten durch andere erwarten. Sie ist eher ein klares Erkennen eines grundlegenden Merkmals unseres Daseins und entsteht als solche spontan und natürlich. Shantideva bemerkt hierzu: „Und hat man so das Heil der anderen bewirkt, gibt es nicht Stolz noch Hochmut. Hat man sich selbst (in den anderen) genährt, ergibt sich auch kein Hoffen auf eine Frucht."[18]

Man sollte nicht annehmen, daß die Selbstbezogenheit sofort verschwindet, sobald der erste Funke einer Bezogenheit auf andere entsteht. So nicht-authentisch sie auch sein mag, ist diese Einstellung doch tief in unserem Inneren verwurzelt, und wir brauchen Ausdauer, um sie zu überwinden. Die Spontaneität der authentischen Bezogenheit auf andere wird ständig durch die entstellte Haltung der Selbstbezogenheit behindert. Die beiden widersprüchlichen Einstellungen leben Seite an Seite in uns und kämpfen gegeneinander. Sie erzeugen eine Spannung, die in Momenten ängstlicher Unentschlossenheit zu spüren ist, wenn wir vor die Wahl gestellt werden, bedingungslos auf das Du zuzugehen oder uns wieder in unserem Ich einzukapseln.

Bewußte Anstrengung ist nötig, wenn wir Fürsorge entwickeln und Selbstbezogenheit vermindern möchten. Wir praktizieren das „Austauschen des Selbst für andere", indem wir wiederholt den Platz des anderen einnehmen und versuchen, die Dinge aus seiner Perspektive zu sehen, anstatt aus der eigenen. Shantideva rät, daß wir uns das Vertauschen der Rollen von uns selbst und anderen vorstellen, indem wir uns selbst als „sie" oder „er" betrachten und andere als „ich". Nach solch einem Tausch denkt man zum Beispiel folgendermaßen: „Dieser wird geehrt, nicht ich; ich bin nicht reich wie er; er wird gelobt, mich muß man tadeln; unglücklich bin ich, er ist glücklich."¹⁹ Auf diese Weise wird das Unglück der anderen als unser eigenes betrachtet, und selbstsüchtige Wünsche werden klar als Hindernisse für das Wohlergehen von beiden, uns selbst und den anderen, erkannt.

Fürsorge wird als Reaktion auf die Schwierigkeiten, das Leiden und die Schmerzen anderer aktiviert. Sie entsteht ganz natürlich in dem Maße, in dem die Selbstbezogenheit nachläßt. Langsam, vielleicht zunächst nur vereinzelt und unerwartet, entwickelt sich aus ihr liebende Güte und Mitgefühl. Wenn sich Miteinandersein durch Teilnahme am Dasein der anderen authentisch verwirklicht, beginnt die Sorge um deren Wohlergehen die vorher unantastbaren Rechte des Eigeninteresses zu überschatten.

Wir haben bereits gesehen, daß der Sinn des menschlichen Lebens nicht in dem liegt, was eine Person *hat*, sondern in dem, was sie *ist*. Ganz egal wie viele Besitztümer wir angehäuft haben, wieviel Reichtum wir besitzen, wieviel Sicherheit und Ansehen wir durch unsere gesellschaftliche Stellung genießen, wie zahlreich die von uns angesammelten Informationen auch sein mögen, wir werden vielleicht doch in klarsichtigen Momenten plötzlich die schreckliche Nichtigkeit all dieser Dinge, die überwältigende Leere und Sinnlosigkeit unseres Lebens erkennen. Wohlergehen entsteht nicht durch ein Aufgehen in der Welt der Dinge und im verzweifelten Kampf um die Aufrechterhaltung der Illusion, daß wir dort sicher sind, daß dort der Tod nicht eindringen kann, weil dort ja alle sind – und die können sich ja nicht alle irren. Wenn unsere Bezogenheit auf andere nichts weiter als eine oberflächliche Haltung ist, die wir einnehmen, um unsere eigenen moralischen Skrupel zu besänftigen, werden wir für ihr Wohlergehen mit Begriffen des gleichen illusionären Standards eintreten, den wir für uns selbst beanspruchen. So wie ich glücklich über meinen Besitz bin, so bist du es. So wie ich zufrieden in die Welt der Dinge vertieft bin, so solltest du es sein. Die Erfüllung des Wohlergehens anderer wird unhinterfragt auf materielles Auskommen, Chancengleichheit und angemessene Ausbildung reduziert. Für die Armen, die Unterdrückten und die Analphabeten sind diese Dinge zweifellos wichtig, *jedoch nie als Selbstzweck*. In der modernen Industriegesellschaft wird es immer offensichtlicher, daß selbst wenn diese Dinge im Übermaß vorhanden sind, uns dies noch kein erfüllteres oder sinnvolleres Leben garantiert. Ihr einziger Wert liegt darin, daß sie uns eine relativ stabile Grundlage gewähren, von der aus wir das innere Ziel menschlichen Lebens authentisch verfolgen können. Aber wenn wir das Menschliche dem unterordnen, was weniger menschlich ist – Reichtum, Möglichkeiten, Wissen –, dann betrügen wir uns selbst. Wir zerstören genau das Leben, was wir eigentlich retten wollten.

Tieferes Wohlergehen der Menschen, von uns selbst und anderen, liegt in der Verwirklichung des Seins-Potentials. In der höchsten Form von Ganzheit zu existieren, sowohl im Alleinsein wie auch in unseren Beziehungen zu anderen, erfüllt das innere Ziel menschlichen Lebens. Dieser Seins-Modus wird als Buddhaschaft bezeichnet. Er wurde uns durch die Erleuchtung und das Leben Buddha Shakyamunis offenbart und enthält die Antwort auf die in unserer Existenz enthaltenen Fragen. Dieser Zustand ist der Punkt, auf den sich alle buddhistischen Hoffnungen und Bestrebungen richten. Im Alleinsein nehmen wir Zuflucht zur Buddhaschaft und machen Buddha, Dharma und Sangha zu Richtlinien, entlang deren wir unsere Leben neu ausrichten und umstrukturieren. Unser natürliches und tiefverwurzeltes Interesse an anderen sucht nach dem Mittel, ihr wirkliches Wohlergehen herbeizuführen. Auch da werden wir unvermeidlich zum gleichen Punkt geführt. Die Buddhaschaft als optimale Seinsweise ist der Endpunkt, an dem die beiden wesentlichen miteinander verwobenen Stränge unseres Daseins – Alleinsein und Mitsein – ihre Erfüllung finden. Sie ist der Zustand, in dem sinnvolles Für-sich-sein und sinnvolles Für-andere-sein realisiert werden.[20]

Durch den Prozeß der Verwirklichung der Buddhaschaft erfahren wir sowohl das innere Authentisch-werden unserer eigenen Existenz als auch das stetige Anwachsen unserer Fähigkeiten, anderen mit Hilfe unserer Worte und Taten den Weg zu zeigen. Indem wir mit anderen über die Möglichkeit, die Mittel der Verwirklichung und die lebendige Präsenz eines reicheren und sinnvolleren Lebens kommunizieren, nehmen wir aktiv an der Verwirklichung ihres Wohlergehens teil. Wir erkennen, daß das Glück der anderen in der Erfüllung dessen liegt, was sie *sind*, und nicht in dem, was sie *haben*. Daher zielt wirkliche Bezogenheit auf andere auf die Verwirklichung der Buddhaschaft ab, um von größtem Nutzen für die Wesen zu sein. Diese Fürsorge wird zum „Erleuchtungsgeist", dem Wunsch Buddhaschaft zum Wohle der anderen zu erlangen. Hierin erreicht Mitsein die höchste Ebene von Authentizität.

V Weisheit und Methode

Da Weisheit ohne Methode und Methode ohne Weisheit nur als „Knechtschaft" bezeichnet werden kann, sollte man weder die eine noch die andere aufgeben.

Atisha[1]

13. Die Einheit von Alleinsein und Mitsein

Beim Lesen der beiden vorangegangenen Kapitel mag vielleicht der Eindruck eines starken Dualismus entstanden sein, in dem der Mensch in zwei völlig unabhängige Teile aufgespalten ist: Einen, den er ganz allein erfährt und einen, den er mit anderen teilt. Es läßt sich nicht bestreiten, daß ein Unterschied zwischen diesen beiden Dimensionen besteht, wir sollten jedoch nicht annehmen, daß die beiden konzeptuellen Kategorien, die wir erfunden haben, um unsere Erklärungen zu vereinfachen, genaue Duplikate der konkreten Lebensbedingungen sind, die sie zu beschreiben versuchen. Das Leben bricht immer wieder durch die Gedankengebäude, in die wir es zu sperren versuchen, und entzieht sich unserem Griff durch das Anomale, das Paradoxe, durch Zweideutigkeiten und Widersprüche. So genau wir auch einen gedanklichen Strich zwischen den Kategorien „Alleinsein" und „Mitsein" ziehen mögen, wir können nirgendwo einen solchen sauberen, in das sinnliche Dasein des Menschen eingeätzten Strich finden. Im wirklichen Leben sind unsere verschiedenen Erfahrungen nicht in klar definierte Typen, Gattungen und Kategorien aufteilbar, sondern stoßen aneinander, fließen ineinander und durchdringen sich gegenseitig. Unser Begriffs-Apparat erzeugt bestenfalls annehmbare Annäherungen, die innerhalb ihrer Grenzen gut funktionieren. Sobald diese Annäherungen zu etwas Absolutem erhoben und den Menschen übergestülpt werden, von denen dann erwartet wird, mit ihnen konform zu gehen, nehmen sie jedoch groteske bis dämonische Ausmaße an. Das Leben wechselt nicht mechanisch zwischen Alleinsein und Teilnahme, sondern beinhaltet beides als untrennbare Einheit. Alleinsein und Mitsein sind die feinen ontologischen Stränge, die miteinander verwoben den vielschichtigen Stoff des Lebens bilden. Das Leben ist das vereinte Ganze, deren Teile sie sind. Alle Lebewesen befinden sich immer in der paradoxen Situation, gleichzeitig *mit andern allein* zu sein.

Das Leben stellt eine Einheit unterschiedlicher ontologischer Elemente dar und verwirklicht in der Dimension der Zeit das Potential dieser Elemente. Wir haben bereits gesehen, daß der Prozeß der Verwirklichung nicht-authentisch oder authentisch sein kann. Er ist nicht-authentisch, wenn eine große Anzahl von Möglichkeiten übersehen wird, um bestimmte begrenzte Potentiale zu verwirklichen. Indem wir uns nur für eng begrenzte Belange interessieren, vermeiden wir die volle Verantwortung für unsere Existenz. Beim nicht-authentischen Alleinsein flüchten wir davor, der Totalität unserer Existenz gegenüberzutreten, indem wir uns in den Dingen der Welt verlieren. Beim nicht-authentischen Mitsein ignorieren wir die uns wesenseigene Bezogenheit auf andere, indem wir uns der Selbstbezogenheit hingeben. In beiden Fällen erreichen wir den Wendepunkt von der Nicht-Authentizität zur Authentizität, wenn wir den vorher vermiedenen und verzerrt wahrgenommenen grundlegenden Charakter unseres Seins erfahren und annehmen, wenn wir erkennen und akzeptieren, daß wir bei der Geburt und im Tode unausweichlich allein sind und dennoch unausweichlich in der Welt mit anderen sind. Nur auf dieser Grundlage können wir unsere Existenz einem authentischen Zustand zuführen und dabei dem gesamten Ausmaß unserer Möglichkeiten Beachtung schenken. In der Dimension des Alleinseins wenden wir unsere Hoffnung von den Dingen der Welt ab und nehmen statt dessen Zuflucht zu Buddha, Dharma und Sangha. Im Bereich des Mitseins folgen wir nicht mehr den Forderungen unseres Selbst, sondern wenden uns der Erfüllung des Wohlergehens anderer durch die Verwirklichung der Buddhaschaft zu. So wird die Zufluchtnahme die Grundlage authentischen Alleinseins und der Erleuchtungsgeist die Basis authentischen Mitseins.

Die Zufluchtnahme und die Entwicklung des Erleuchtungsgeistes sind die wesentlichsten Grundlagen einer vollständigen buddhistischen Praxis. Indem wir die ihnen zugrundeliegenden ontologischen Strukturen untersuchten, haben wir herausgefunden, daß sie in der essentiellen Struktur des menschlichen Daseins fest verankert sind. Ihr grundlegender Charakter wird auch in dem im tibetischen Buddhismus wahrscheinlich bekanntesten und am häufigsten rezitierten Gebetsvers klar aufgezeigt:

„Bis zur Verwirklichung der Buddhaschaft nehme ich Zuflucht zu Buddha, Dharma und der Höchsten Gemeinschaft.
Durch die Verdienste meiner Handlungen, zum Beispiel des Gebens,
Möge ich Buddhaschaft erlangen zum Wohle der Welt."[2]

Dieser Vers – oder ein ähnlicher – steht am Anfang jedes persönlichen Gebetes, jeder Meditation, jeder kollektiven Zeremonie und jedes Rituals. Er dient dazu, den Schüler an die grundlegende Motivation und Verpflichtung zu erinnern, die die Voraussetzung jeder spirituellen Entwicklung ist. Wenn diese Worte ernsthaft zu Herzen genommen werden, sollten sie nicht nur eine oberflächliche Änderung der Einstellung bewirken, sondern eine nochmalige Bewußtwerdung unserer existentiellen Neuorientierung hervorbringen. Es ist ein Zeichen für die einzigartige Rolle der Zufluchtnahme und der Entwicklung des Erleuchtungsgeistes als Basis authentischen Alleinseins und Mitseins, daß sie – abgesehen von Disziplinen rein ethischen Charakters – die einzigen Stadien der Praxis sind, in die man mittels einer formalen Zeremonie eintritt. Bei dieser Gelegenheit wird im Beisein der Gemeinschaft, der Sangha, bestätigt, daß wir im Begriff sind, unsere Existenz völlig neu auszurichten. Die Neuorientierung wird so mit größter Bewußtheit im eigenen Geist verankert. Gleichzeitig wird der einzelne mit der Unterstützung und dem Schutz der Gemeinschaft bedacht, so daß er fähig ist, sich mit möglichst wenigen Hindernissen weiterzuentwickeln. Die Zufluchtnahme und der Erleuchtungsgeist werden daher als Tore zur buddhistischen Praxis bezeichnet. Die erstere stellt den Eintritt in das buddhistische Leben dar und der zweite den Eintritt in den Bodhisattva-Pfad.

So schaffen die Begriffe „Alleinsein" und „Mitsein" einen Rahmen, in dem klar wird, daß die grundlegenden Gedankengebäude des buddhistischen Pfades in der ontologischen Struktur des Menschen verankert sind und die Gesamtheit des menschlichen Potentials mit einschließen. Damit möchten wir jedoch nicht sagen, daß die Zufluchtnahme sich auf die in sich abgeschlossene Sphäre des Alleinseins beschränkt und der Erleuchtungsgeist auf ein gleichermaßen auf sich selbst beschränktes Gebiet der Teilnahme. Die Begriffe „Alleinsein" und „Miteinandersein" versuchen die essentiellen Strukturen unseres Seinkönnens zu beschreiben, das bestimmt, wie wir wirklich sind. Aber obwohl eine bestimmte existentielle Haltung ihre Grundlage in dem einen oder anderen dieser Bereiche haben mag, durchzieht sie in der lebendigen Erfahrung immer beide. Bei der Zufluchtnahme geht es vor allem darum, einen Konflikt zu lösen, mit dem wir in der Einsamkeit unseres Alleinseins konfrontiert werden, der aber gleichzeitig unweigerlich auch unsere Teilnahme in der Welt mit anderen betrifft. Durch die Zufluchtnahme treten wir einer Glaubensgemeinschaft bei, wobei wir uns mit anderen, die sich der gleichen Sache hingeben, identifizieren und uns ihnen anschließen. Wir gehen dabei eine Verpflichtung ein und werden zu einer bestimmten ethischen Lebensführung ermutigt. Dadurch werden unsere Einstellungen und Beziehungen zu anderen direkt beeinflußt. Die Entwicklung des Erleuchtungsgeistes stellt hauptsächlich eine authentische Antwort auf unser essentielles Miteinandersein dar, dennoch baut er sich auf einer inneren Entschlossenheit und Ausrichtung auf, die einzig von einem selbst erfahren werden kann.

Sind sie einmal beide vorhanden, sind Zufluchtnahme und Erleuchtungsgeist völlig ineinander verwoben und vervollständigen sich gegenseitig. Sobald die Fürsorge für andere zum Erleuchtungsgeist wird, ist die Motivation für die Zufluchtnahme nicht mehr auf die Hoffnung beschränkt, nur unsere individuelle Angst zu überwinden. Haben wir einmal die Gleichheit von uns selbst und anderen erfahren, hoffen wir die Angst zu überwinden, die gleichermaßen von anderen gefühlt wird. Diese Hoffnung erfüllt sich, indem wir unser Leben auf die Buddhaschaft ausrichten. Die Praxis des Dharma in der durch die Sangha erschaffenen förderlichen Umgebung bringt uns diesem Ziel näher.

Während also die dynamische Struktur der Zufluchtnahme unverändert erhalten bleibt, vervollständigt der Erleuchtungsgeist diese Struktur, indem er sie auf die Gesamtheit des menschlichen Potentials ausweitet. Die Struktur der Zufluchtnahme stellt andererseits einen Rahmen dar, in dem die Bezogenheit auf andere ihren optimalen Ausdruck im Erleuchtungsgeist finden kann. Die Zufluchtnahme beinhaltet die Erkenntnis, daß die Buddhaschaft die optimale Seinsweise für uns selbst und andere ist, was eine notwendige Voraussetzung für die Entwicklung des Erleuchtungsgeistes darstellt. Der Wunsch, Buddhaschaft zum Wohle aller Wesen zu erlangen, kann daher nur auf der Grundlage der Zufluchtnahme entstehen. So betrachtet offenbart sich uns eine Einheit von Zufluchtnahme und Erleuchtungsgeist, die jedes Gefühl eines Dualismus überwindet.

Das Leben ist die fortlaufende Verwirklichung der Potentialität des Daseins. Wenn diese Verwirklichung beschnitten oder entstellt wird und dabei die Verantwortung vermieden wird, das gesamte Ausmaß menschlichen Potentials zu erkennen und anzunehmen, wird sie als nicht-authentisch betrachtet. Ein authentischer Prozeß der Verwirklichung wäre im Gegensatz dazu einer, der unsere Möglichkeiten vollständig einbezieht und auf ihre optimale Erfüllung in der Buddhaschaft abzielt. Um dieses Ziel zu erreichen, muß der Prozeß authentischer Verwirklichung alle Elemente des menschlichen Potentials entwickeln und den hinderlichen Tendenzen, die zu einer Fortführung der nichtauthentischen Existenz neigen, wirksam entgegentreten. Während dieser Prozeß andauert, entsteht unvermeidbar eine Spannung zwischen den beiden Richtungen, die diese unvereinbaren Bewegungen verfolgen. Solange ein Potential unentwickelt bleibt oder behindert wird, kann der optimale Seinszustand nicht verwirklicht werden. Im Alleinsein ist sinnvolles Für-sich-sein nicht möglich, solange jemand dazu tendiert, Sicherheit in Dingen zu suchen. Im Mitsein wird schon durch die subtilste Form von Selbstbezogenheit die volle Verwirklichung sinnvollen Für-andere-seins verhindert.

Der zuletzt erwähnte Punkt ist von besonderer Bedeutung. Solange die geringste Spur von Selbstbezogenheit vorhanden ist, verhindert dies die authentische Verwirklichung des Mitseins und daher das Erreichen des optimalen Seinszustandes, der Buddhaschaft. Um unser Miteinandersein in vollstem Ausmaß zur Entfaltung zu bringen, reicht es nicht aus, die Selbstbezogenheit zu neutralisieren; sie muß ins Positive umgewandelt werden – in Fürsorge für andere. Solange Bezogenheit auf andere unvollständig ist, ist immer noch eine Spur von Selbstbezogenheit vorhanden. Daher erfordert völlig authentisches Mitsein *komplette und bedingungslose* Bezogenheit auf andere, oder in der traditionellen Ausdrucksweise: Den Wunsch Buddhaschaft zum Wohle *ausnahmslos aller Lebewesen* zu erlangen.

Diese ontologische Interpretation dient dazu, die Mahayana-Lehre von „einem letztendlichen Fahrzeug" zu erklären.[3] Die Anhänger dieser Sicht vertreten den Standpunkt, daß alle spirituellen Pfade letztlich im Weg des Bodhisattva gipfeln. Selbst die im Frieden des Nirvana ruhenden Arhats werden aus ihrer glückseligen Versenkung erweckt und gebeten werden, weiterzugehen zum letzten Ziel – der Buddaschaft. Dies wird sehr klar im *Saddharmapundarikasutra* dargelegt, in dem die folgenden Worte des Buddha zitiert werden: „Sravakas erreichen nicht das Nirvana. Erst wenn sie den Wandel eines Bodhisattva geführt haben, werden sie alle zu geistig Erwachten."⁴ Wenn wir unser Miteinandersein als einen wesentlichen Bestandteil des menschlichen Daseins sehen und die Buddhaschaft als die optimale Verwirklichung unseres potentiellen Seins betrachten, sehen wir, daß dieser Standpunkt – der oberflächlich betrachtet wie eine dogmatische Aussage einer bestimmten Schule klingen mag – eine stabile ontologische Grundlage besitzt. Es wird klar, warum eine Lehre, die ein geringeres Ziel als die völlige Hinwendung zu anderen anstrebt, „geringeres Fahrzeug" (Hinayana) genannt werden kann und warum letztendlich solch eine Hinwendung unbedingt entwickelt werden muß.

Als erste Kristallisationspunkte authentischen Alleinseins und Mitseins sind Zufluchtnahme und Erleuchtungsgeist die Grundlagen, auf die sich der Prozeß der Verwirklichung unseres Potentials stützt. Um vollständig und wirkungsvoll zu sein, muß dieser Prozeß, der „Pfad" genannt wird, im Einklang mit der Struktur seiner Grundlage stehen. Er wird mit Hilfe der Begriffe „Weisheit" (prajna) und „Methode" (upaja) beschrieben, wobei Weisheit die Entwicklung authentischen Alleinseins und Methode die Entwicklung authentischen Mitseins bezeichnet. Genau wie die Zufluchtnahme und der Erleuchtungsgeist sind Weisheit und Methode weder einzig auf die Bereiche des Alleinseins beziehungsweise Mitseins beschränkt, noch sollten sie so gesehen werden, als agierten sie völlig getrennt voneinander. Sie unterstützen und fördern sich gegenseitig: Weisheit schenkt der Methode Intelligenz und Unterscheidungsvermögen, Methode stellt die sichere Grundlage dar, mit deren Hilfe die Weisheit ihr Objekt ruhig und genau untersuchen kann. Ihre Beziehung wird mit der eines scharfsichtigen Krüppels (Weisheit) verglichen, der auf den Schultern eines körperlich gesunden Blinden (Methode) getragen wird. Der Krüppel sieht sehr klar, er hat aber keine Möglichkeit, sich mitzuteilen. Der körperlich taugliche Mann dagegen kann ohne Schwierigkeiten laufen, aber er ist nicht fähig zu sehen, wohin er geht. Nur indem die beiden zusammenarbeiten, können sie sich fortbewegen. In ähnlicher Weise kann der Prozeß des Authentischwerdens sein Ziel auch nur dann erreichen, wenn die beiden Hauptaspekte, Methode und Weisheit, sich ergänzen.

14. Weisheit

Weisheit und Methode können in sechs transzendente Funktionen (Paramitas) unterteilt werden. Eine von ihnen, die transzendente Funktion der Weisheit, bildet die „Weisheits-Seite"; die Praxis der „Methode" setzt sich aus den fünf anderen Funktionen, nämlich Geben, Ethik, Geduld, Begeisterung und Konzentration zusammen. Da die verschiedenen Ausprägungen der Weisheit in der Einsamkeit des Geistes gegründet sind, führt uns ihre Betrachtung in den Bereich der Psychologie; während eine Analyse der Aspekte der im Miteinandersein gegründeten Methode uns in den Bereich der Ethik führt.

„Das Bewußtsein ist der Anführer", wird in der ersten Zeile des *Dhammapada* gesagt, „es geht allen Umständen, guten wie schlechten, voraus."[5] Von Anfang an wurde es in den buddhistischen Lehren immer betont, daß psychologische Faktoren in ganz entscheidendem Maße dafür verantwortlich sind, wie wir sind. Verzerrte unrealistische psychologische Einstellungen sind die Wurzel einer nicht-authentischen Seinsweise, während die systematische Reinigung und Umwandlung solcher Einstellungen die innere Triebkraft des Pfades darstellen, der zum optimalen Seinszustand führt. Es ist die unterscheidende Einsicht der Weisheit zusammen mit der einsgerichteten Versenkung der Konzentration, die die Energie für die Weiterentwicklung bereitstellen. Um jedoch ihre Bedeutung in diesem Prozeß voll verstehen zu können, müssen wir das psychische Umfeld betrachten, in dem sie operieren.

Unser Bewußtsein funktioniert auf zwei verschiedene Weisen. Es nimmt entweder direkt oder begrifflich wahr. „Direkte Wahrnehmung" bezieht sich auf die rezeptive Dimension des Bewußtseins, die der gedanklichen Ebene vorausgeht. In ihr erscheinen die Welt, ihre Objekte und andere Menschen so, als würden sie uns vorgeführt. Der Ausdruck „begriffliche Wahrnehmung" bezeichnet die Fähigkeit unseres Geistes aufzunehmen und widerzuspiegeln, wodurch wir auf unsere Begegnung mit der Welt reagieren.[6]

Einerseits sehen wir Farben und Formen, hören Klänge, haben Körperempfindungen usw. Andererseits denken wir über sie nach, beurteilen sie und reagieren emotional auf sie. In unserer realen Lebenserfahrung finden wir natürlich keine solche strikte Unterteilung. In Wirklichkeit sind diese Prozesse untrennbar miteinander verwoben und bestimmen sich gegenseitig in ihren Merkmalen und Inhalten. Unsere begrifflichen Vorstellungen über die Welt beeinflussen unsere direkten Wahrnehmungen von der Welt. Diese haben wiederum einen Einfluß auf unsere nachfolgenden Vorstellungen über die Welt. Es sind jedoch bestimmte begriffliche Vorstellungen, die ursprünglich für die Nicht-Authentizität, die Zerrissenheit und die Konfliktträchtigkeit unserer Existenz verantwortlich sind. Daher müssen wir zunächst den Prozeß der begrifflichen Wahrnehmung betrachten, bevor wir versuchen, die Knoten der psychologischen Verzerrungen zu entwirren, die aus ihr hervorgehen.

Wir benutzen hier den Ausdruck „begriffliche Wahrnehmung" so, daß er alle psychischen Reaktionen auf das umfaßt, was sich unserem Bewußtsein darstellt. Er bezieht sich also nicht nur auf die oberflächlichen intellektuellen Funktionen, sondern schließt sowohl bewußte Gedankentätigkeit als auch weniger artikulierte emotionale Reaktionen mit ein, wie zum Beispiel Verlangen, Ärger, Stolz usw. Begriffliche Vorstellungen unterscheiden sich von direkter Wahrnehmung dadurch, daß sie mit subjektiv gefärbten „Ideen" oder „Bildern"[7] einhergehen, die uns so erscheinen, als seien sie untrennbar mit dem Objekt verschmolzen, dessen wir uns gerade bewußt sind. Wenn wir über die Welt nachdenken, organisieren wir sie so, wie es unseren Vorurteilen entspricht. Wir sprechen den Dingen bestimmte Wertigkeiten zu und teilen sie in Kategorien ein, so daß sie mit unserer gewohnten Sichtweise in Einklang zu stehen scheinen. Unsere emotionale Beziehung zum Inhalt unserer Erfahrung andererseits interpretiert nicht und teilt nicht ein, sondern färbt die Welt mit Bedeutungsnuancen, denen wir dann später in Worten Ausdruck verleihen. Gedanken und Ideen ermöglichen uns, vielschichtige „Dimensionen" aufzubauen und zu betreten, die die raum-zeitlichen Begrenzungen bestimmter konkreter Situationen überwinden. Obwohl ich mich körperlich in den Begrenzungen dieses teilweise durch eine Schreibtischlampe erhellten Raumes aufhalte, *lebe* ich an einem bestimmten geographischen Ort, in einer Gesellschaft mit bestimmten rechtlichen und politischen Strukturen und im Umfeld bestimmter religiöser und philosophischer Glaubensrichtungen. Begriffliche Vorstellungen erlauben uns diese Freiheit von den Begrenzungen unserer Umgebung, aber sie sind auch für die tiefverwurzelten Verzerrungen verantwortlich, die uns ununterbrochen im Kreislauf von Angst, Frustration und Leiden gefangenhalten. Ganz egal wie komplex, ausgedehnt und verfeinert die verschiedenen begrifflichen Dimensionen auch sind, in denen wir uns aufhalten, solange diese grundlegenden Verzerrungen nicht aufgelöst wurden, werden wir unfähig sein, unterschwellig eindringenden Gefühlen von Unbehagen und Verzweiflung zu entfliehen.

Eine begriffliche Verzerrung ist dadurch gekennzeichnet, daß die Idee, durch die sie ihr Objekt wahrnimmt, dieses Objekt nicht der Wirklichkeit entsprechend darstellt. Da es uns so erscheint, als sei die Idee untrennbar mit dem Wesenskern des Objektes verschmolzen, sind wir unfähig, das Objekt von unserer fehlerhaften Vorstellung über das Objekt zu unterscheiden. Selbst wenn dieses Objekt von unseren Sinnen direkt wahrgenommen wird, erscheint es uns in einer Form, die von unseren eigenen Vorstellungen fabriziert wurde. Ohne zu hinterfragen, halten wir unsere Sinneserfahrungen für glaubwürdig und fahren damit fort, auf der Grundlage fehlerhafter Annahmen eine strukturierte Beziehung mit der Welt unserer Erfahrungen aufzubauen. Aus solch einer

Situation entstehen unvermeidlich Verwirrung, Konflikte und Frustration. Wir nehmen die Welt in einer bestimmten Form wahr und vertrauen darauf, daß sie mit dieser Erscheinungsweise übereinstimmt. Dabei erkennen wir nicht, daß bestimmte Aspekte der von uns wahrgenommenen „Realität" einzig unserer eigenen Einbildungskraft zuzuschreiben sind. In dieser Verwirrung entbrennt ein Konflikt zwischen der Welt, wie sie ist, und der Welt, an die wir glauben. Je mehr wir darauf bestehen, unfehlbar zu sein, desto frustrierter werden wir, wenn die tatsächliche Welt sich immer wieder hartnäckig weigert, unseren Erwartungen gerecht zu werden. Haben wir einmal einer verzerrten Wahrnehmung unserer selbst, der Welt oder der anderen stattgegeben, erschaffen wir eine unharmonische Situation, in der zwei völlig unvereinbare Welten unhinterfragt für identisch gehalten werden. Je breiter die Kluft zwischen der Welt, wie sie ist, und der Welt, wie wir sie uns vorstellen und wünschen, desto stärker werden unsere Gefühle von grundlegender Unsicherheit, Entfremdung und Angst. Auch psychische Störungen verstärken sich – als direkte Auswirkung der Verzerrung unserer begrifflichen Vorstellungen.

Stellen wir uns vor, wir haben einen unehrlichen und böswilligen Nachbarn, der nur im Sinn hat, uns Schaden zuzufügen. Er gewinnt dennoch unser Vertrauen und unsere Freundschaft, da er sehr freundlich und hilfsbereit zu sein scheint. Solange wir davon ausgehen, daß seine Erscheinung ein ehrlicher Ausdruck seiner inneren Motive ist, werden wir von seinen Handlungen ständig betrogen, verwirrt und verletzt, da sie im Widerspruch zu unserem Bild von ihm stehen. Erst wenn wir aufhören, an seine Aufrichtigkeit zu glauben, und beginnen seine wahren Motive zu verstehen, werden wir nicht mehr länger von seinem Erscheinungsbild zum Narren gehalten. Erst dann werden wir fähig, angemessen mit der Situation umzugehen.[8] Dies ist ein öfter vorkommendes Problem, dem die meisten von uns von Zeit zu Zeit gegenüberstehen, eines, das wir in vielen Fällen lösen und bald wieder vergessen. Wir können es jedoch dazu benutzen, eine ähnliche Vorstellung zu verdeutlichen, die auf einer tieferen instinktiven Ebene existiert, nämlich die *Unwissenheit*. Der Begriff Unwissenheit bezeichnet hier nicht nur einen Mangel an Wissen, sondern auch eine bestimmte Wahrnehmungsweise der Realität. Dabei handelt es sich um eine verzerrte Vorstellung, die eine Sicht der Welt erschafft, die im Gegensatz und in Konflikt mit der tatsächlichen Seinsweise der Welt steht. Tief in unser Bewußtsein eingewoben, durchdringt sie jeden Gedanken, jedes Gefühl und jede Wahrnehmung und erzeugt so eine instinktive Empfindung von uns selbst und der Welt, die uns so vertraut ist, daß wir sie nie wahrnehmen.

Es wird oft gesagt, daß Unwissenheit sich aus drei Hauptaspekten zusammensetzt. Dies bezieht sich auf die folgenden falschen Vorstellungen: Wir halten das, was unbeständig ist, für beständig; wir sehen das Unbefriedigende als befriedigend an, und wir schreiben den Dingen Selbst-Identität zu, obwohl sie eine solche nicht besitzen.[9] Die erste dieser Vorstellungen, die Sicht der Beständigkeit, bezieht sich auf unsere instinktive Empfindung, daß wir selbst und die Welt einen unbeweglichen, unveränderlichen, fest in der Zeit verankerten Charakter besitzen. Wir nehmen nicht wahr, daß wir uns von Moment zu Moment wandeln.

Obwohl wir intellektuell „wissen", daß sowohl unsere eigene Person als auch die Objekte der Welt vergänglich sind und ihre Zerstörung vorherbestimmt ist, *verhalten* wir uns gewöhnlich so, als sei das Gegenteil der Fall. Wenn wir in unserem alltäglichen Leben nicht weiter nachdenken, spiegeln unsere Gedanken, Pläne, Unterhaltungen und Taten die selbstbewußt-vertrauensvolle Haltung eines Unsterblichen wider, für den der Tod niemals eine Rolle spielen wird. Mit einer aus scheinbar haltbaren, im wesentlichen unveränderlichen Elementen zusammengesetzten Welt konfrontiert, haben wir das Gefühl, daß wahre Befriedigung gefunden werden kann, indem wir diese Elemente so manipulieren, daß wir die „vollkommene" Situation erschaffen. Die Situationen, in denen wir uns normalerweise befinden, sind immer in einem gewissen Maße unbefriedigend. Doch erscheinen sie uns so, als müßten wir nur einige Veränderungen vornehmen, um das störende oder irritierende Problem zu beseitigen. So oft wir jedoch auch dieses verändern und jenes neu organisieren, ein Ding beseitigen und ein neues einführen – die perfekte Ordnung der Dinge läßt sich einfach nicht herstellen. Ein unvorhergesehenes Ereignis tritt plötzlich ein. Eine zuvor nicht wahrgenommene Unvereinbarkeit beginnt uns unbequemerweise ins Auge zu stechen. Wir stellen fest, daß wir uns auf eine solche Person doch nicht verlassen können. Oder es plagt uns, wenn die äußere Situation dann endlich in Ordnung zu sein scheint, ein vages, aus der Magengegend aufsteigendes, schmerzhaftes Gefühl von Langeweile und Unbehagen. Oder wir fühlen uns zwischen unseren selbst entworfenen, eingefrorenen Vorstellungen plötzlich eingesperrt und einsam.

Aber welcher Fall auch immer eintreten mag, wir schenken diesen Ungereimtheiten selten Beachtung, sondern decken sie schnell wieder mit unserem gewohnten geistigen und verbalen Geschwätz zu. Wir bestehen weiter darauf, daß die Lösung zum Greifen nah ist; sie wartet bereits auf uns – in den Armen eines Verkäufers oder vielleicht eines Psychiaters.

So nehmen wir fälschlicherweise an, daß wir durch die Manipulation der Dinge fähig werden, Befriedigung zu erlangen. Den beiden erwähnten falschen Vorstellungen – die Dinge für beständig zu halten und zu glauben, sie könnten Befriedigung gewähren – geht die Empfindung voraus, daß im eigentlichen Kern der Dinge eine ihnen eigentümliche Selbst-Identität wohnt. Diese grundlegende Form von Unwissenheit ist dafür verantwortlich, daß wir uns selbst, die anderen und die Objekte der Welt so wahrnehmen, als seien sie völlig autark und unabhängig von Bedingungen, Teilen und konzeptueller Organisation. Dies ist die grundlegend falsche Vorstellung, auf der das gesamte samsarische Gebäude ruht.

Wenn wir versuchen, uns die instinktiv „natürliche" Welt vorzustellen, die hinter all unserem hochentwickelten Denken steht, sehen wir, daß mein *Ich* trotz aller erleuchteten Spekulation über das „Ich" unberührt bleibt. Mein Ich fühlt sich, als existiere es unabhängig von meinem Körper und meinem Geist als ein unbestimmtes und doch konkretes Etwas, das aus unendlichen ineinander verwobenen Schichten besteht. Und aus der Art und Weise, wie du mich ansiehst und wie du handelst, folgere ich, daß es bei dir mehr oder weniger ähnlich aussieht. Genauso scheinen auch alle unbelebten Objekte eine Identität von irgendwo tief in ihrem Inneren her auszustrahlen, die ausreicht, ihre Essenz zu definieren, ohne daß man auf etwas anderes zurückgreifen müßte. Die Welt ist daher von zahllosen in sich selbst verkapselten Wesenheiten bewohnt, die sich ohne einen offensichtlichen Sinn dort befinden. Solch eine scheinbare Autarkie wird schnell als unbewegliche Beständigkeit interpretiert.

Wenn wir darüber hinaus die Dinge, die uns schaden, als „inhärent unerwünscht" und angenehme Dinge als „inhärent begehrenswert" betrachten, erscheint es uns, als könnten wir durch den einfachen Prozeß von Ablehnung und Annehmen unserem Leiden ein Ende setzen und andauernde Zufriedenheit erlangen. In der Konsequenz füllen wir unser Leben mit Plänen und Projekten, mit deren Hilfe wir die in sich abgeschlossenen Bausteine der Welt zu unserem Vorteil manipulieren wollen. Unsere Motivation ist begehrliches Verlangen nach dem, was wir uns wünschen, und Abneigung gegen die Dinge, die wir nicht mögen. Wir gehen völlig darin auf, die „perfekte" Situation aufzubauen, in deren Zentrum der wohlbehütete Kern unseres unveränderlichen Selbstes steht. Solange wir weiterhin daran glauben, daß es möglich ist, in diesem Unterfangen erfolgreich zu sein, bleiben uns unser Interesse und unsere Begeisterung erhalten. Dies schützt uns vor der Bedrohung durch Angst und Zweifel. Aber sollte sich plötzlich ein Abgrund auftun und uns die tatsächliche Nichtigkeit eines solchen Lebensansatzes zeigen, wird die öde Landschaft der Unwissenheit vor uns stehen: die Welt zahlloser beziehungsloser, in sich selbst verkapselter Dinge.

Wenn irgendwann unsere ausgefeilte Schutzhülle aus Erinnerungen, Plänen, Verkleidungen und Rechtfertigungen von uns abfällt, haben wir Angst – angesichts einer kalten und unwirtlichen Welt ohne Versprechungen, ohne jeden Sinn. In diesem Moment fühlen wir die Einsamkeit unseres inhärenten Getrenntseins von anderen und die Entfremdung von dem, was uns am nächsten steht, unserem Körper und Geist. Normalerweise gehen wir eiligst über solche Gefühle hinweg und decken sie wieder zu, sobald sie auch nur beginnen, sich leise zu regen. Wenn wir ihnen jedoch erlauben, den artikulierbaren Bewußtseinsbereich zu betreten und offenzulegen, was sie mit sich bringen, stehen wir einer sinnlosen Masse von Objekten gegenüber, die uns, in Sartres Worten ausgedrückt, als „ekelerregend", „absurd" und „überflüssig" erscheinen mögen.[10]

Einige existentialistische Autoren folgern, daß das, was uns in diesen Momenten der Angst erscheint, die wahre Natur der Wirklichkeit ist. Sie nehmen dann an, daß die authentische Existenzweise in der heldenhaften Resignation zu finden ist, daß man trotz der eigentlichen Absurdität und Sinnlosigkeit allen Tuns weiterlebt. Obwohl sie vielleicht nicht mehr an der Illusion festhalten, die Welt sei beständig und ihrer Natur nach glücklich, glauben sie dennoch an die Erscheinungsweise der Welt als etwas, das aus beziehungslosen, aus sich selbst heraus existierenden Wesenheiten zusammengesetzt ist. Ihre Einstellung zur Existenz, so deprimierend sie auch sein mag, folgt zumindest logisch stringent der Ansicht, daß wir selbst, die anderen und die Objekte der Welt solch eine unabhängige Selbst-Identität besitzen.

Unsere anfängliche authentische Reaktion auf unsere Angst ist es, daß wir unsere Hoffnungen nicht mehr auf die Dinge der Welt setzen, sondern auf die Zufluchtnahme zu Buddha, Dharma und Sangha. Daraufhin werden wir, indem wir dem Pfad des Dharma folgen, zurückgeführt und nochmals vor die Aufgabe gestellt, unsere Angst von ihrer Wurzel her anzugehen und aufzulösen. *Angst ist die Gemütslage der Unwissenheit.*[11] Dies verdeutlicht sich, wenn wir die drei bereits beschriebenen Aspekte der Angst betrachten. Die instinktive Angst, die uns dazu treibt, in der Welt der Dinge aufzugehen, ist die Gemütslage der instinktiven Unwissenheit. Sie betrachtet die Existenz in ihrer Gesamtheit und vermeidet das ganze Ausmaß des Seinkönnens, indem sie eine Welt aus selbstexistenten Wesenheiten schafft. Sie wird damit zur Grundlage der Flucht ins Samsara.

Verstärkte Angst bricht hervor, wenn man einen kurzen Einblick in die Totalität der eigenen Existenz bekommt – Geburt und Tod inbegriffen – und versteht, daß das Aufgehen in der Welt der Dinge umsonst ist. Sie ist die Gemütslage, die wir erfahren, wenn wir spüren, daß unsere von Unwissenheit fabrizierte Welt mit der Tatsache unserer Geburt und unseres Todes unvereinbar ist. Letztlich, wenn die Unwissenheit direkt in die kahle Welt selbstexistenter, beziehungsloser Wesenheiten starrt, überkommt uns wiederum eine angstvolle Gemütslage. Daher können wir die Angst nur dadurch überwinden, daß wir der Unwissenheit etwas entgegensetzen. Dies sind eigentliche Funktion und Ziel der Weisheit.

Der Ursprung unserer Erfahrungen von Konflikt, Frustration und Angst liegt nicht in der Natur der Welt selbst, sondern in unseren verzerrten Vorstellungen von der Welt. Indem wir die Art und Weise, wie uns die Welt instinktiv erscheint, für wahr halten, nehmen wir natürlicherweise an, daß die Ursachen des Leidens und der Sinnlosigkeit ihr innewohnen. Tatsächlich aber sollten wir unserer eigenen Zustimmung zu unserer Wahrnehmung die Verantwortung geben. Die Situation enthält eine gewisse Ironie – wir glauben fest daran, daß der Feind unser Haus umzingelt hat, in Wirklichkeit jedoch hat er es sich bereits drinnen gemütlich gemacht. Um das Problem authentisch zu lösen, müssen wir aufhören, mit einer unerbittlichen und unlenkbaren Welt zu kämpfen, und statt dessen unsere Aufmerksamkeit darauf lenken, die Unwissenheit zu vertreiben, die dafür verantwortlich ist, daß uns solch eine Welt erscheint. Weisheit bedeutet Verstehen und Einsicht, die immer mehr durch den Schleier der Unwissenheit dringen. Sie sorgt dafür, daß unsere Sicht der Welt im Einklang mit der Welt steht, wie sie ist. Damit beseitigt sie die mit der Unwissenheit einhergehenden Konflikte und Frustrationen. Zunächst konzentriert sich die Weisheit darauf, eine klare Einsicht in die Merkmale unserer Existenz zu gewinnen: Vergänglichkeit, Unzulänglichkeit und Abwesenheit einer Selbst-Identität. Dauerhafter und stabiler Geistesfrieden wird nicht dadurch erreicht, daß die Beständigkeit von irgend etwas entdeckt wird, sondern dadurch, daß wir das Unbeständige als Unbeständiges akzeptieren und aufhören, darauf zu bestehen, daß es anders ist. In ähnlicher Weise wird echte Zufriedenheit dadurch gefunden, daß wir erkennen, daß die Dinge, von denen wir annahmen, daß sie uns Befriedigung schenken könnten, in Wirklichkeit nicht dazu geeignet sind. Indem wir diese Tatsache akzeptieren, anstatt uns immer wieder anzustrengen, die Welt in eine unmögliche Form zu pressen, erlangen wir eine realistische Sichtweise. Wir hören auf, etwas von der Welt zu erwarten, was sie uns nicht geben kann. Paradoxerweise findet man genau in diesem Akt des Annehmens das Glück, das einem vorher immer entgangen war.

Wir untergraben unsere instinktive Fehleinschätzung unserer selbst, der anderen und der Welt jedoch erst, wenn wir erkennen, daß wir keinerlei Selbst-Identität besitzen. Indem sich uns eröffnet, daß überhaupt nichts das Merkmal einer unabhängigen, aus sich selbst heraus existierenden Identität trägt, wird unsere Vorstellung von der Existenz zahlreicher isolierter, beziehungsloser Wesenheiten ausgemerzt. Während sich dann die neue Sichtweise entfaltet, lösen sich unsere Grundangst und unser Gefühl der Sinnlosigkeit dadurch auf, daß wir uns mehr und mehr dem tiefen Mysterium der alle Phänomene durchdringenden Verbundenheit bewußt werden.

Die Erkenntnis der Abwesenheit einer inhärenten Identität der Dinge wird als die Erkenntnis der „Leerheit" (*shunyata*) bezeichnet. Der Begriff „Leerheit" beschreibt die einfache Abwesenheit einer fälschlich angenommenen Selbst-Identität. Die Leerheit zu verwirklichen bedeutet zu erkennen, daß die Selbst-Identität der Dinge, die uns instinktiv so real erscheint, tatsächlich nicht-existent ist. Die Leerheit (von einer unabhängig von Ursachen, Bestandteilen und begrifflicher Organisation existierenden Selbst-Identität) offenbart darüber hinaus implizit den universellen Charakter der Abhängigkeit aller Dinge. Daher beschreibt die „Leerheit" als Negation den grundlegenden Charakter der Phänomene, der ihnen erlaubt zu sein. In positiver Weise formuliert, ist der Begriff „abhängiges Entstehen" die beste Annäherung an die Natur des Seins. Leerheit ist daher nicht das gleiche wie das Nichts oder wie Nicht-Sein. Die Phänomene *sind* tatsächlich – allerdings leer von einer fälschlich fabrizierten Selbst-Identität. Die Leerheit ist auch kein transzendentes Absolutum oder ein aller Existenz vorausgehender Urgrund des Seins, der allen Manifestationen zugrundeliegt. Sie ist statt dessen ein allen Phänomenen innewohnendes Merkmal, das durch den verzerrenden Einfluß der Unwissenheit vor uns verborgen bleibt und durch die Weisheit ans Licht gebracht wird. Sobald ein Phänomen aufhört zu existieren, hört auch seine Leerheit von Selbst-Identität auf zu existieren. Daher gibt es keine in ihren eigenen Gefilden verweilende, von der empirischen Welt losgelöste Leerheit.

Das Ziel der Weisheit ist es, die Befreiung von den Fesseln der Unwissenheit zu erlangen, indem wir klar die So-heit unserer selbst und der Welt erkennen, die uns durch die Verzerrungen der Unwissenheit verborgen geblieben war. Da es hier darum geht, die Unwirklichkeit einer trügerischen Erscheinungsweise zu erkennen, müssen wir im ersten Schritt genau verstehen, wie uns diese falsche Wahrnehmung – einer inhärenten Selbst-Identität – erscheint. Erst wenn dies klar identifiziert ist, können wir weitergehen und mit den Mitteln konzeptueller Analyse und intensivierter direkter Wahrnehmung die völlige Abwesenheit und Leerheit dieser Erscheinungsweise erkennen. Wenn wir verpassen, zunächst exakt herauszufinden, was zu negieren ist, laufen wir Gefahr, entweder einer nihilistischen Position anheimzufallen, die den Wert und Sinn von allem leugnet, oder nicht genug zu negieren, wobei wir das Problem nur teilweise lösen. Es wird empfohlen, Analyse und Gewahrsein anfänglich auf sich selbst anzuwenden, da die instinktive Vorstellung unserer eigenen inhärenten Selbst-Identität uns am meisten dominiert und daher die am meisten zerstörerische Form der Unwissenheit ist. Diese Wahrnehmung einer Selbst-Identität, die auch oft „Greifen nach einem Selbst"[12] genannt wird, sollte jedoch nicht mit Selbstbezogenheit verwechselt werden. Das Greifen nach einem Selbst ist eine falsche Vorstellung, die vollständig dadurch beendet wird, daß ihr Objekt als nicht-existent erkannt wird. Die Selbstbezogenheit dagegen muß *in* Bezogenheit auf andere *umgewandelt* werden.

Unsere verzerrten Vorstellungen von Beständigkeit, Befriedigung und Selbst-Identität sind so tief in uns verwurzelt und erzeugen ein so starkes instinktives „Gefühl" davon, wie wir und die Welt sind, daß sie von einem nur oberflächlichen Sinneswandel kaum beeinflußt werden können. Selbst wenn wir verstandesmäßig von einem Glaubenssystem überzeugt sind, das solche Lehrmeinungen wie „alle Phänomene sind frei von Selbst-Identität" vertritt, wird dies allein uns sicherlich nicht befähigen, eine dauerhafte Umwandlung unserer Seinsweise zu bewirken. Das uns ständig begleitende instinktive Gefühl einer Selbst-Identität wird weder durch andauernde intellektuelle Analyse der Leerheit noch durch gelegentliche flüchtige Wahrnehmung der Leerheit beeinflußt. Um unsere Einsichten völlig zu integrieren, müssen wir sie mit einsgerichteter Konzentration (samadhi) verbinden. Erst dann dringen sie zu den emotionalen und instinktiven Ebenen unseres Wesens vor und beeinflussen damit nicht nur unsere intellektuellen Einstellungen, sondern auch unser tiefstes Gefühl dessen, wie und wer wir sind. Obwohl die Entwicklung der Konzentration anfänglich unabhängig von der Entwicklung der Weisheit geschehen kann, hat sie doch erst dann einen wirklichen Wert, wenn sie mit der Weisheit vereint wird und dieser Stabilität und Tiefe verleiht. Für sich genommen können wir durch das Erlangen verschiedener Stadien der Konzentration verschiedene Versenkungen erreichen, die uns zu einem gewissen Grad innere Ruhe und Gelassenheit gewähren. Aber ohne die durchschneidende Qualität der Weisheit können diese Zustände nicht die instinktiven Fehleinschätzungen überwinden, die uns im zerstörerischen und schmerzhaften Kreislauf von Samsara gefangenhalten. In einem Auszug aus den Texten von Lama Tsong Khapa wird dieser Punkt deutlich erklärt:

> Einsgerichtete Konzentration allein ist nicht fähig, die Wurzel des Samsara durchzuschneiden. Soviel auch eine vom Pfad der ruhenden Konzentration getrennte Weisheit analysieren mag, die störenden Vorstellungen werden durch sie nicht vertrieben. Daher sollte man den Reiter der Weisheit, der klar erkennt, wie die Dinge sind, auf das unerschütterliche Pferd ruhender Konzentration setzen.[13]

15. Methode

Obwohl Weisheit und Methode im Bereich des Alleinseins entwickelt werden, benötigen sie zu ihrer Entfaltung doch eine intakte ethische Grundlage auf der Ebene der Beziehung zu anderen. Damit die Weisheit tiefergehen kann, braucht sie die Unterstützung eines konzentrierten Bewußtseins, das nicht durch unkontrollierte Gedanken und Emotionen abgelenkt wird. Solch eine Konzentrationskraft kann wiederum nur innerhalb des Rahmens einer ethischen Grundhaltung verwirklicht werden, die unser Verhalten innerhalb gewisser Grenzen hält. Ungezügeltes Verhalten dient nur dazu, die Störungen und Spannungen in unserem Bewußtsein noch weiter zu verstärken und damit die Entwicklung eines einspitzigen Geistes zu erschweren. Es ist eine der wichtigsten Funktionen der Ethik im Buddhismus, Verhaltensweisen zu umreißen, die für die Entwicklung von Konzentration und Weisheit zuträglich sind. So wird ethisches Verhalten zu einer notwendigen Vorbedingung für das Erlangen des inneren Zieles des Pfades.

Die ethischen Übungen der „Methoden-Seite" sind in der ontologischen Struktur des Mitseins begründet und als solche Teil der Verwirklichung authentischen Miteinanderseins. Dies geschieht einerseits dadurch, daß sie die Entwicklung der Weisheit unterstützen, die die wesentliche Triebkraft im Prozeß der Verwirklichung der Buddhaschaft darstellt. Das Ziel des Erleuchtungsgeistes – sinnvolles Für-andere-sein – findet ja seine Erfüllung erst in der Verwirklichung der Buddhaschaft. Darüber hinaus ist aktive Teilnahme am Leben der anderen erforderlich, um die Gesamtheit des menschlichen Potentials ins spirituelle Leben einzubinden. Eine tiefe Einsicht in die Leerheit ist vielleicht der wesentlichste Faktor im Erwachen zu einem sinnvollen Für-sich-sein. Aber wenn ihr ein genügend entwickelter Rahmen fehlt, in dem sie sich in Worten und Taten ausdrücken kann, wird durch sie das optimale menschliche Dasein nicht erreicht.

Der Methoden-Aspekt der Übung erzeugt, neben der Entwicklung von Weisheit und Konzentration, systematisch einen solchen Rahmen. Dies beinhaltet eine große Zahl an Handlungen, angefangen bei der Formulierung zusammenhängender Gedankenmuster, die eine klare sprachliche Kommunikation mit anderen ermöglichen, bis hin zur Fähigkeit, anderen in Not selbstlos Hilfe zu gewähren. Die Praxis vereinter Weisheit und Methode kann so als die authentische Verwirklichung von beidem, Alleinsein und Mitsein, verstanden werden. Die gleichzeitige und sich ergänzende Entwicklung von Weisheit und Methode ist für das Wachstum einer völlig integrierten Praxis von wesentlicher Bedeutung. Wie bereits erwähnt vertrat auch Atisha diese Meinung: Die eine, unabhängig von der anderen zu entwickeln, bedeutet in Knechtschaft zu verbleiben. Eine die Methodenseite vernachlässigende Weisheit führt zu übertriebener Introversion und macht uns unfähig, wirkungsvoll mit anderen zu kommunizieren. Methode ohne Weisheit kann gutwillige, aber naive und oberflächliche altruistische Handlungen hervorbringen, die bloß die Symptome des Leidens mildern, die eigentlichen Ursachen des Problems jedoch nicht beseitigen.

Weitere Übungen der Methoden-Seite sind in den verbleibenden vier der sechs transzendierenden Funktionen enthalten: Geben, Ethik, Geduld und Begeisterung.

Geben ist der Wunsch, sich vom eigenen Selbstinteresse abzuwenden und dabei großzügig und willig den anderen zu geben, was man besitzt. Das Wesentliche hierbei ist eine Veränderung der Einstellung. Statt einer zentripetalen Sehnsucht, die ständig versucht alles nach innen, zu sich selbst als Zentrum zu ziehen, entwickelt die Haltung des Gebens eine zentrifugale Sehnsucht, alles von sich wegzugeben, in die Hände anderer. Dies muß zu einer grundlegenden Ausrichtung in unserem Leben werden, die nicht nur offensichtlich großzügige Handlungen einschließt, sondern auch das Geben von Rat, Zuwendung und Schutz sowie das Geben von Güte und Liebe. Diese Übung beschränkt sich nicht nur auf konkrete zwischenmenschliche Beziehungen, sondern kann auch allein in der Kontemplation und im Gebet entwickelt werden. Die hauptsächliche Funktion dieser Praxis ist es, ein inneres Gefühl altruistischer Entschlossenheit fest in uns zu verankern. Wir wenden bewußt unsere Aufmerksamkeit von uns selbst ab – und anderen zu. Wir wünschen uns sehnlichst deren Wohlergehen, statt unser eigenes. Dies gipfelt in der Motivation des Erleuchtungsgeistes, Buddhaschaft zum Wohle der anderen zu erlangen. Dabei werden Körper und Geist dem Wohlergehen anderer gewidmet. Es besteht hier allerdings die große Gefahr, daß eine solche altruistische Einstellung, die in der Abgeschiedenheit der eigenen Gedankenwelt entwickelt wurde, zu einem subtilen Mittel wird, konkrete zwischenmenschliche Verantwortung zu vermeiden und ein Leben friedlicher, jedoch völlig teilnahmsloser Isolation vor sich selbst zu rechtfertigen. Wir bekunden uns selbst unsere Liebe und unser Mitgefühl für solche abstrakten Begrifflichkeiten wie „die Menschheit" oder „alle Lebewesen", um nicht Liebe für eine bestimmte Person empfinden zu müssen. Es ist daher wichtig, Geben zunächst in unserem eigenen Lebenszusammenhang zu praktizieren mit den Menschen, denen wir täglich begegnen. Wir sollten uns nicht erlauben, diese Haltung in der verdünnten Atmosphäre des Idealismus verpuffen zu lassen.

Ethik setzt sich aus zwei Hauptelementen zusammen: Enthaltung und Handlung. Enthaltung bedeutet, unser Verhalten innerhalb bestimmter vorgeschriebener Grenzen zu halten. Diese Begrenzungen werden in Übereinstimmung mit den Neigungen des Individuums festgelegt. In jedem Fall setzen sie einen definierten Handlungsspielraum fest, in dem die entsprechende Person befähigt wird, auf effektivste Weise den Prozeß des Pfades zu verwirklichen. Die verschiedenen Beschränkungen stehen in Verbindung mit verschiedenen Gattungen von Gelübden oder moralischen Verpflichtungen: jene der Laien, der Mönche, der Nonnen, der Bodhisattvas, der Yogis usw. Das Entscheidende beim Einhalten einer bestimmten moralischen Disziplin ist nicht die bloße Kontrolle der äußeren Verhaltensweisen, sondern die Kontrolle jener psychischen Faktoren, die für die offensichtlichen Handlungen von Körper und Rede verantwortlich sind. Um solch eine Kontrolle zu entwickeln, müssen wir uns dauernd der moralischen Begrenzungen bewußt sein, die wir einmal angenommen haben. Wir brauchen stetige Achtsamkeit, um das Auftauchen zerstörerischer Geistesfaktoren zu bemerken, die uns dazu veranlassen könnten, die Grenzen zu übertreten.[14] Mit Gewahrsein und Achtsamkeit können die gröberen Geistesstörungen vermieden werden, wodurch eine grundlegende Ruhe entsteht, in der Konzentration und Weisheit effektiv entwickelt werden können.

Das zweite Element der Ethik ist das der Handlung. Sie stellt das positive Gegenstück zur Enthaltung dar. Die durch Enthaltung auf uns genommenen Beschränkungen ermöglichen das Handeln, welches die Beschränkungen im Gegenzug bestärkt. Allgemein gesprochen bezieht sich Handlung hier auf jede Verwirklichung authentischen Seins, die Teil des Pfades ist. Im engeren Sinne geht es hier um die Entwicklung der positiven Gegenstücke zu den Dingen, deren man sich zu enthalten versucht. Wenn wir uns zum Beispiel des Tötens enthalten wollen, wäre das positive Gegenstück, bewußt Leben zu retten und zu schützen. Auf diese Weise würde unsere Enthaltsamkeit in bezug auf diesen Punkt ganz offensichtlich erleichtert und gestärkt.

Geduld ist das spezielle Gegenmittel gegen Ärger und Haß. Sie ist eine Haltung, die sowohl von anderen zugefügtes Leid als auch die Schmerzen und das Unbehagen, die das Leben mit sich bringt, toleriert, anstatt ärgerlich zurückzuschlagen. Nur in der durch Geduld gewonnenen Ruhe ist man fähig, das Wesentliche einer Situation klar zu erfassen und dementsprechend realistisch mit ihr umzugehen. Ist das Bewußtsein durch Ärger gestört und die Wahrnehmung verzerrt, ist es nicht mehr möglich, objektiv zu sein. Dies führt dazu, einen Kurs einzuschlagen, der sich auf eine Fehleinschätzung gründet und unvermeidlich zur Verstärkung des anfänglichen Konfliktes führt, statt zu seiner Lösung. Mit Geduld ist hier kein gleichgültiges Stillehalten gemeint, das passiv jedes zugefügte Leid akzeptiert. Sie sollte vielmehr als die notwendige Voraussetzung jeder konstruktiven Reaktion auf die Schwierigkeiten und Probleme gesehen werden, denen wir in unseren Beziehungen mit anderen und der Welt ausgesetzt sind. Die Fähigkeit zu geduldigem Annehmen beruht größtenteils auf der Erkenntnis, daß eine dauerhafte Lösung niemals allein durch hartnäckige Manipulation der Dinge der Welt gefunden werden kann. Ohne eine nochmalige Überprüfung der Wertigkeit unserer Annahmen über die Natur jener Dinge läßt sich niemals eine solche Lösung finden.[15]

Begeisterung kann als Freude am Ausüben des Heilsamen definiert werden. Sie ist es, die den Prozeß der Verwirklichung des Pfades vorwärtstreibt und aufrechterhält. Begeisterung hat nichts mit zähneknirschender Beharrlichkeit zu tun oder einer Art von hartnäckiger Ausdauer, die uns eine rigide festgelegte Disziplin aufzwingt, die wir instinktiv ablehnen. Sie sollte die spontane Reaktion sein, die natürlicherweise entsteht, sobald wir bestimmte Einsichten in die Natur des Daseins gewonnen haben. Das Bewußtsein der Unausweichlichkeit des Todes konfrontiert uns mit unseren offenen, jedoch begrenzten Möglichkeiten. Wenn wir Buddha als die optimale Verwirklichung unserer Potentiale und das Dharma als das Mittel ansehen, sie authentisch zu realisieren, gehen wir eine existentielle Verpflichtung ein. Die Erfüllung dieser Verpflichtung hängt von zwei Dingen ab: Dem *Wunsch*, die Möglichkeiten zu verwirklichen, die vor einem liegen, und dem *Selbstvertrauen*, das uns die Gewißheit gibt, daß wir frei und fähig sind, sie zu verwirklichen. Damit überwinden wir das Gefühl, unabänderlich in der Struktur unserer Faktizität gefangen zu sein. Der Wunsch gibt unserem Leben eine sinnvolle Ausrichtung, und Selbstvertrauen gibt uns die Gewißheit, daß wir tatsächlich fähig sind, unser Leben sinnvoll zu *gestalten*. In diesem Zusammenhang entsteht eine freudige Hingabe an die vor uns stehende Aufgabe, die Shantideva mit der eines spielenden Kindes vergleicht oder mit der eines von der Hitze der Sonne gequälten Elefanten, der sich in einen kühlen See stürzt.[16] Es sind diese drei Faktoren von Wunsch, Selbstvertrauen und Freude, aus denen sich – zusammen mit der Fähigkeit zu erkennen, wann man seine Grenzen erreicht hat und sich ausruhen muß – die Begeisterung im wesentlichen konstituiert.[17]

Bei der Betrachtung der sechs transzendenten Funktionen stehen wir nicht sechs isolierten Faktoren gegenüber, die wir erzeugen müssen, um die Buddhaschaft zu verwirklichen. Sie stellen eine integrierte psychologische Beschreibung des Bodhisattva dar, des Individuums, das den optimalen Seinszustand zum Wohle der anderen anstrebt. Die sechs transzendenten Funktionen sind die sechs wichtigsten Strukturmerkmale seines Charakters, die völlig in die anderen Elemente seiner Persönlichkeit eingewoben sind. Der Bodhisattva sollte sich durch eine offene, nach außen gerichtete Großzügigkeit auszeichnen, die mit Achtsamkeit und ethischer Zügelung verbunden ist. Er sollte die Fähigkeit besitzen, die Dinge anzunehmen, wie sie sind, und sich ihnen zu unterwerfen, und doch immer von einer natürlichen, freudigen Begeisterung angespornt werden. Sein Geist sollte kritisch sein und Unterscheidungen treffen können und trotzdem in tiefer innerer Ruhe verwurzelt sein. Dies ist das Modell, nach dem wir unser Leben auf dem Weg ausrichten. Es ist allerdings einem noch höher stehenden Modell untergeordnet: Dem optimalen Seinszustand, auf den die Lebensweise eines Bodhisattva abzielt.

VI Der optimale Seinsmodus

Ein Mönch fragte den Zen-Meister Shan: „Wer ist der Buddha?"
– „Er ist ein alter Mann aus dem westlichen Land." – „Was ist
die Erleuchtung?" Shan versetzte dem Frager einen Schock,
indem er sagte: „Mach, daß du davonkommst; hör auf, Schmutz
um uns zu verstreuen!"[1]

16. Die beiden Körper des Buddha

Wir verwenden hier die Formulierung „optimaler Seinsmodus", um den so oft falsch angewandten und mißverstandenen Begriff „Buddha" zu vermeiden. Wie erwähnt beziehen sich die Ausdrücke „Buddha" oder „Buddhaschaft" auf eine Seinsweise, in der alles Spaltende und Entstellte beseitigt ist und alles, was verwirklicht werden kann, verwirklicht wurde. Dies läßt sich klar aus der etymologischen Betrachtung des tibetischen Wortes für „Buddha" erkennen. Der tibetische Begriff lautet *sangs.rgyas.*, was „gereinigt-erfüllt" bedeutet. Im Zustand der Buddhaschaft sind alle nicht-authentischen Seinsweisen völlig überwunden, und alle Potentiale authentischer Seinsweisen sind in ihrer Vollkommenheit verwirklicht worden.

Wenn wir dies in bezug auf die Unterteilung in Alleinsein und Mitsein betrachten, setzt sich die optimale Seinsweise aus optimalem Alleinsein und optimalem Miteinandersein zusammen. Wir sprechen von der „Verwirklichung sinnvollen Für-sich-seins" und vom „Dharma-Körper" (*dharmakaya*) im Zusammenhang mit dem optimalen Alleinsein. Optimales Miteinandersein wird dagegen „Verwirklichung sinnvollen Für-andere-seins" oder „Form-Körper" (*rupakaya*) genannt. Dharma-Körper und Form-Körper sind untrennbar miteinander verwoben. Sie werden immer gleichzeitig verwirklicht und können nie unabhängig voneinander entstehen.

Die Buddhaschaft setzt sich daher aus zwei Seinsweisen zusammen, die „Dharma-Körper" und „Form-Körper" genannt werden und dem Zustand optimalen Alleinseins und Mitseins entsprechen. „Dharma-Körper" bezieht sich auf die im optimalen Seinsmodus erfahrene innere Einsicht in die Natur des eigenen Selbst, der anderen und der Welt. Seine Ansiedlung in der Dimension des Alleinseins wird von der traditionellen Aussage illustriert, daß der Dharma-Körper nur den Buddhas selbst zugänglich ist.[2] Es handelt sich hier um einen Bewußtseinszustand, in dem alle aus Unwissenheit entstandenen Entstellungen durch die transzendierende Funktion der Weisheit aufgelöst wurden. Der Verwirklichte ist sich immer bewußt, daß die Dinge leer von Selbstexistenz sind, was gleichbedeutend mit der Erkenntnis der abhängigen und relativen Natur aller Erfahrungen ist. Dies ist die Bedeutung des Begriffes „Allwissenheit des Buddha". Im *Pitaputrasamagamasutra* wird dies so erklärt:

> „Der Tathagata versteht beides, konventionelle und letztendliche Wahrheit . . . Der Herr wird jedoch als ‚allwissend' bezeichnet, da er die Leerheit (die letztendliche Wahrheit) in ihrer Vollständigkeit sieht, kennt und sie verwirklicht hat."[3]

Da der Dharma-Körper der optimale Bewußtseinsmodus ist, handelt es sich hier ganz offensichtlich um ein Ergebnis der Weisheit, nicht der Methode. Er ist die höchste Erfahrung und das Ziel, auf das die Entwicklung der Weisheit, in Vereinigung mit Konzentration, immer ausgerichtet ist. Durch die Verwirklichung des Dharma-Körpers findet die sich in der Dynamik der Zufluchtnahme ausdrückende Hoffnung ihre Erfüllung. Sinnvolles Für-andere-sein wird erreicht durch die Lösung des Konflikts zwischen der Welt, wie sie ist, und der Welt, wie wir sie uns in unserer Unwissenheit vorstellen.

Ist die Unwissenheit einmal durch Weisheit bereinigt worden, löst sich die Angst auf, die immer in den tiefen Schlupfwinkeln dieses Konfliktes lauerte. Der Dharma-Körper basiert somit auf der direkten „mystischen" Erfahrung unseres Selbst und der Welt, *so wie sie sind.* Unserem In-der-Welt-sein liegt nun nicht mehr die Stimmung der Angst zugrunde, sondern Freude. Der Dharma-Körper wird so zum Höhepunkt des Prozesses der Verwirklichung authentischen Alleinseins. Die Angst, aus der unsere Zufluchtnahme entstand, wird durch die Kraft der Weisheit überwunden. Dadurch erfüllt sich unsere Hoffnung auf ein sinnvolles Für-sich-sein.

Der „Form-Körper" bezieht sich auf unser Miteinandersein, wie es sich im optimalen Seinsmodus, der Buddhaschaft, manifestiert. So wie der Dharma-Körper der Aspekt jener Buddhaschaft ist, der sich auf die eigene Erfahrung beschränkt, ist der Form-Körper jener Aspekt der Buddhaschaft, der anderen zugänglich ist. Als Verwirklichung sinnvollen Für-andere-seins schließt der Form-Körper alle Erscheinungsformen ein, in denen sich eine Person, die den optimalen Seinszustand verwirklicht hat, denen zeigt, mit denen sie in aktiver Verbindung steht. Allgemein gesprochen zeichnet sich eine solche Person durch drei Hauptmerkmale aus: Sie besitzt große Intuition und Weisheit, strahlt tiefes Mitgefühl und Fürsorge für andere aus und ist offensichtlich mit ungewöhnlicher innerer Stärke und Willenskraft ausgestattet.[4] Der Form-Körper erscheint jedoch nicht in einer bestimmten, festgelegten Weise. Abhängig von seinem persönlichen Charakter und den Anlagen und Neigungen derer, mit denen er zu tun hat, kann ein Buddha eine Vielzahl von Aspekten annehmen: friedlich und glückselig, ernst und zornig, mütterlich und liebevoll, königlich und mächtig und so weiter. Doch egal welche Erscheinungsformen angenommen werden, die dem Form-Körper zugrundeliegende Motivation und sein Ziel ist es, anderen mit allen verfügbaren Mitteln den Weg zu einer sinnvolleren, authentischeren und freudvolleren Existenz zu weisen. Daher bezieht sich der Begriff „Form-Körper" auch nicht nur auf den körperlichen Aspekt des

Buddha, sondern bezeichnet die optimale Art des Mit-anderen-in-der-Welt-seins.

Der Form-Körper ist in die ontologische Struktur des Miteinanderseins eingebettet. Er stellt den reifsten Ausdruck der Hingabe an andere dar und wird hauptsächlich durch die Übung der Methode erlangt. Durch seine Verwirklichung erfüllt sich der Wunsch des Erleuchtungsgeistes, von möglichst großem Nutzen für andere zu sein. Erst wenn der optimale Seinsmodus verwirklicht ist, erlangt man die Fähigkeit, spontan so zu handeln, daß jedes Wort und jede Handlung dazu dienen, anderen die Möglichkeit zu eröffnen, eine weitaus erfülltere und reichere Existenz zu erfahren. So wird vom Form-Körper gesagt, daß er die Verwirklichung sinnvollen Für-andere-seins ist.

Der Form-Körper wird normalerweise in zwei Hauptaspekte unterteilt: den sogenannten „Freuden-Körper" (*sambhogakya*) und den „Ausstrahlungs-Körper" (*nirmanakaya*). Diese Bezeichnungen beziehen sich auf die beiden Haupt-Seinsweisen, durch die wir anderen gegenübertreten, nämlich Sprache und körperliche Handlungen. Der „Freudenkörper" ist die optimale Weise, in der wir anderen mit Hilfe der Sprache unsere Erfahrungen mitteilen. Da Sprache sehr eng mit dem Denken verbunden ist, können wir den Freuden-Körper auch so verstehen, daß er nicht nur die Äußerungen der Stimme umfaßt, sondern die gesamte Struktur und den Prozeß der Artikulation von Bedeutungen. Er vermittelt gewissermaßen zwischen der Sphäre des Alleinseins, der Grundlage des Dharma-Körpers und den sichtbaren und hörbaren Manifestationen des Daseins, die anderen direkt zugänglich sind.

Der Ausstrahlungskörper ist die konkreteste Manifestation des optimalen Seinszustandes. Seine Bedeutung sollte jedoch nicht vereinfacht so betrachtet werden, als sei damit die bloße körperliche Form gemeint. Er stellt die Verkörperung des Menschen mit allen Ausdrucksmitteln dar.

Wir können sehen, daß die Lehre vom „Dreifachen Buddhakörper" (*trikaya*) keine drei voneinander getrennte Wesenheiten beschreibt, sondern drei Stadien im Prozeß der optimalen Entfaltung vom Alleinsein zur Teilnahme, vom Formlosen zur Form. Die stillen Tiefen persönlicher Erfahrung (Dharma-Körper) finden ihren Ausdruck in Ideen und Worten (Freuden-Körper) und werden schließlich in Handlungen ausgedrückt (Ausstrahlungs-Körper). Ein Gewahrsein dieses Prozesses, der ja seine Grundlage in einem entsprechenden Muster unserer gegenwärtigen Existenz hat, hilft uns, die traditionellen Darstellungen des Buddha innerhalb des Mahayana besser zu verstehen. Der Dharma-Körper wird nie in konkreten Bildnissen dargestellt, da er formlos ist. Der Freuden-Körper, der auf der Ebene von Ideen und kollektiven Vorstellungen existiert, wird als ideale Buddha-Figur dargestellt, die aber noch keine konkret-individuelle Form angenommen hat. Nur der Ausstrahlungs-Körper ist völlig individualisiert und wird daher in der Form gewöhnlicher Männer und Frauen dargestellt.

Die Buddhaschaft wird auch als das „Erreichen des nicht-verweilenden Nirvana" bezeichnet.[5] Dies bezieht sich auf die Tatsache, daß die optimale Seinsweise weder im frustrierenden Kreislauf von Samsara verweilt, noch sich quietistisch im Nirvana auflöst. Samsara und Nirvana sind entgegengesetzte Seinsweisen, die jedoch beide die volle Verwirklichung des menschlichen Potentials verhindern. Die Buddhaschaft kann auf keine dieser beiden Seinsweisen reduziert werden, hat jedoch Zugang zu beiden. Der Dharma-Körper erfährt die spirituelle Freiheit und den Frieden des Nirvana; gleichzeitig nimmt der Form-Körper aktiv am Leben derer teil, die in Samsara gefangen sind. Dies bedeutet jedoch nicht, daß der optimale Seinszustand sich aus zwei unabhängigen und getrennten Aspekten zusammensetzt. Er ist die untrennbare Einheit optimalen Alleinseins und optimalen Mitseins. Auch in der Buddhaschaft kann die paradoxe Situation nicht vermieden werden, unentrinnbar allein und gleichzeitig unentrinnbar in der Welt mit anderen zu sein.

17. Lebt der Buddha noch?

Die größte Gefahr bei jeder Darstellung des Buddhismus liegt darin, daß oft ungewollt eine unüberbrückbare Kluft zwischen dem konkret lebenden Buddha einerseits und dem abstrakten, idealen Buddha andererseits geschaffen wird. In vielen traditionellen Schulen des Buddhismus scheint der Mann, der mit einer Gruppe von Schülern in Nordindien herumwanderte, Nahrung erbettelte, klare und praktische Lehren erteilte und schließlich an Ruhr starb, völlig in Vergessenheit geraten zu sein. Sein Platz wird von einem halb-göttlichen Wesen eingenommen, das – mit zahlreichen außergewöhnlichen körperlichen Merkmalen versehen – visualisiert wird und dessen Leben in phantastischen mythischen Bildern dargestellt wird. Das eigentlich menschliche Element im Buddha ist verschwunden. Statt dessen finden wir Beschreibungen eines zwar eindrucksvollen, aber vom Menschen nicht erreichbaren idealisierten Seinszustandes. In diesem Prozeß der allmählichen Abstrahierung verblaßte der konkret-menschliche Buddha immer mehr, bevor er schließlich starb.

Der Zweck der verschiedenen Bewegungen und Richtungen innerhalb der buddhistischen Gedankenwelt ist es, die Natur des Buddha zu ergründen, die Bedeutung seiner Erfahrungen zu verstehen und zu erklären, welchen Sinn sein Leben für andere haben kann. Diesen Klärungsversuchen steht jedoch ständig die Tendenz entgegen, Ideen vom Menschen wegzuprojizieren und sie zu selbstexistenten Werten zu machen. Institutionalisierte Traditionen, in denen eine bestimmte Interpretation als letztendlich und verbindlich betrachtet wird, bieten einen fruchtbaren Boden für solche Idealisierungen. Das Ziel der Anhänger solch einer buddhistischen Gemeinschaft beschränkt sich dann mehr und mehr darauf, ein bestimmtes Glaubenssystem aufrechtzuerhalten, statt Sinn und Zweck des menschlichen Lebens durch eigene Erfahrungen entdecken zu wollen. In solch einer Atmosphäre rückt der Buddha mehr und mehr vom Menschen ab und wird nur noch als ein strahlendes

Objekt der Anbetung angesehen. Buddha steht dann für alles Gute und Erhabene, während der Mensch tiefer in die Dunkelheit anfangsloser Unwissenheit und Boshaftigkeit hinabfällt und durch zahllose Leben von der Verwirklichung seines Ideals getrennt ist. An diesem Punkt hat Feuerbachs Kritik der Religion ihre Gültigkeit. In seinem Buch „Das Wesen des Christentums" führt er aus:

> „Es ist aber hier sogleich wesentlich zu bemerken – und diese Erscheinung ist eine höchst merkwürdige, das innerste Wesen der Religion charakterisierende –, daß je menschlicher dem *Wesen* nach Gott ist, um so größer *scheinbar* der Unterschied zwischen ihm und dem Menschen ist. Um Gott zu bereichern, muß der Mensch arm werden, damit Gott alles sei, der Mensch nichts sein."[6]

Obwohl Feuerbach hier seine Kritik im Zusammenhang mit dem Christentum formuliert hat, ist seine Einsicht in die Psychologie institutionalisierter Religion gleichermaßen auf den Buddhismus anwendbar. In einem über-institutionalisierten und unkreativen Zusammenhang, ob er nun buddhistisch, christlich oder sonst etwas sei, tendiert unser Bewußtsein dazu, das Objekt seines Interesses mehr und mehr von sich selbst hinweg zu projizieren.

Wie kann man nun diese Tendenz vermeiden, das zentrale Anliegen des religiösen Lebens, nämlich den Buddha, in den Bereich unerreichbarer Ideale zu projizieren? Die Wurzel dieses Problems liegt weder in dem Bedürfnis des menschlichen Geistes, Erklärungsmodelle zu schaffen, noch in den auf sie gegründeten Institutionen selbst. Für das Wachstum und die Kontinuität spirituellen Lebens ist es von großer Wichtigkeit, daß die Bedeutung der Religion immer wieder neu in einer Sprache und Denkweise formuliert wird, die mit den sozialen und kulturellen Bedingungen der Zeit übereinstimmt. Eine Glaubensgemeinschaft benötigt ein gemeinsames konzeptuelles und symbolisches Bezugsfeld, um Harmonie und gegenseitiges Verständnis aufrechtzuerhalten. Daher sind Erklärungmodelle und Institutionen sowohl notwendig als auch unvermeidbar. Die eigentliche Wurzel des Problems ist, daß wir danach greifen, beständige Sicherheit in etwas zu finden, zu dem wir in keiner inneren Beziehung stehen. Vielleicht haben wir uns anfänglich dem Buddhismus zugewandt, weil wir sahen, daß andauernde Sicherheit nicht gefunden werden kann, egal wie sehr wir auch versuchen, die äußeren Elemente der Welt zu manipulieren. Aber hier entsteht nun die Gefahr, daß wir, statt in eine aus materiellen Objekten zusammengesetzte Situation zu fliehen, einfach die Richtung wechseln und uns in eine innere, aus immateriellen Objekten zusammengesetzte Situation flüchten. Wir lassen uns von der komplexen inneren Schlüssigkeit eines Glaubenssystems, von der Vollkommenheit und den übernatürlichen Merkmalen eines göttlichen Buddha oder dem Versprechen der Errettung in einem zukünftigen Leben faszinieren. Aber bei solch einem Ansatz wiederholen wir eigentlich nur den Prozeß der nichtauthentischen Flucht vor uns selbst und verlieren uns in der Welt der Dinge. Aus den Konzepten und Symbolen des Buddhismus erbauen wir eine Burg in unserem Geist und ziehen uns in sie zurück. Eine Burg wird uns allerdings nur dann wirkliche Sicherheit bieten können, wenn ihre Wände solide und undurchdringlich sind. Daher fühlen wir uns auch nur sicher, wenn wir fähig sind, uns selbst davon zu überzeugen, daß die Konzepte und Symbole *unserer* Glaubensstruktur ewige Gültigkeit besitzen und unumstößlich sind. Um die einmal erlangte Sicherheit aufrechtzuerhalten, besteht unser Hauptinteresse darin, uns selbst und anderen die Gültigkeit und Überlegenheit unseres eigenen Glaubenssystems zu beweisen. Es läßt sich leicht verstehen, wie solch eine Einstellung Menschen allmählich dazu bringt, dem Inhalt ihres Glaubens einen immer höheren, idealisierteren Status zu verleihen, um dessen Größe und Unübertrefflichkeit hervorzuheben. Die unvermeidbare Konsequenz dieses Prozesses ist es, daß der Mensch um so mehr an Bedeutung verliert, je mehr die Vollkommenheit des Ideals betont wird.

Um zu vermeiden, daß diese Tendenz zur Idealisierung die Menschen vom Ziel ihres eigentlichen Anliegens entfremdet, ist es wichtig, daß die Elemente der Glaubensstruktur niemals dadurch verfestigt oder getrübt werden, daß man ihnen eine letzte Wertigkeit zuschreibt. Die Gefahr einer solchen Tendenz liegt darin, daß wir unsere eigentlichen existentiellen Probleme, die uns anfänglich dazu gebracht hatten, uns dem Buddhismus zuzuwenden, in ein innerhalb unserer Glaubensstruktur vorgegebenes System logischer und technischer Probleme übersetzen. Während wir dies tun, überzeugen wir uns selbst davon, daß wir dem Dilemma unserer Existenz authentisch gegenübertreten. In Wirklichkeit rechtfertigen wir vor uns selbst allerdings nur eine weitere nicht-authentische Flucht in den Bereich der Dinge. Wir betrügen uns selbst, wenn wir annehmen, daß wir durch das Auflösen der in den Lehren vorhandenen Widersprüche und Zweideutigkeiten automatisch auch die Widersprüche und Zweideutigkeiten unserer Existenz auflösen. Wir glauben, daß wir eine Antwort auf die in unserer Existenz vorhandenen Fragen finden, indem wir die im Dogma unseres Glaubens enthaltenen Fragen beantworten. Solch eine Herangehensweise ist völlig zwecklos. Ihre Leerheit wird uns vielleicht ganz plötzlich und unerwartet enthüllt, wenn die Angst, die wir eigentlich bearbeiten wollten, mit einem Mal wieder auftaucht – bedrohlicher als je zuvor.

Damit die begriffliche und symbolische Struktur des Buddhismus den Menschen ermöglicht, ihre eigenen essentiellen Möglichkeiten zu verwirklichen, statt sie ihnen zu entfremden, muß die Struktur *transparent* bleiben. Wir müssen immer *durch sie hindurch* auf die Möglichkeiten der Existenz schauen, auf die sich die Struktur bezieht, und nicht *auf sie selbst*. Die Konzepte und Symbole, aus denen sich die Struktur zusammensetzt, sollten als Linsen gesehen werden, durch die wir uns selbst, unsere Fragen und Ziele klar wahrnehmen können. Auf der Grundlage einer solchen Haltung bleiben wir in Kontakt mit der sinnlichen Realität der menschlichen Existenz, und die Gefahr, uns in Abstraktionen zu flüchten, wird stark vermindert. Dann wird die Glaubensstruktur den Zielen der Menschen untergeordnet, statt daß der Mensch dazu mißbraucht wird, die Struktur zu rechtfertigen. Es entsteht so eine Wertschätzung der relativen Natur der Struktur. Es wird klarer, daß ihre jeweilige Form immer von zahlreichen kulturellen und historischen Faktoren bestimmt wird, die bei ihrer essentiellen Funktion – der Beantwortung der in unserem eigentlichen In-der Welt-sein enthaltenen Fragen – keinerlei Rolle spielen. Die Struktur hört auf, etwas Festes, Heiliges und Unveränderliches zu sein. Sie ist nur ein Mittel für einen höheren Zweck. Daher muß sie die Form annehmen, die am besten in die kulturelle Umgebung paßt, in der sie sich befindet und die am wirkungsvollsten ist.

Die Vorstellungen, Dogmen und Symbole des Buddhismus sind nur in bezug auf das Leben der Menschen sinnvoll. Alle buddhistischen Übungen sind nur Wege zur Verwirklichung der Potentiale menschlicher Existenz, die wir hier und jetzt in uns tragen. Buddha ist nichts anderes als der optimale Seinsmodus, der für die Menschen in ihrem momentanen Zustand möglich ist. Nur wenn wir fest im menschlichen Zusammenhang verankert bleiben, können wir eine sinnvolle, nicht entfremdete Perspektive in bezug auf die buddhistischen Lehren gewinnen.

Das wirklich Besondere am Buddhismus ist es, eine menschliche Religion zu sein. Alle wichtigen Begebenheiten in seiner Geschichte beinhalten ein Wiederaufleben dieses humanistischen Geistes als Gegenbewegung zu den immer wieder entstehenden Idealisierungstendenzen. Der Beginn des Buddhismus war bereits von Shakyamunis völliger Ablehnung der damals vorherrschenden brahmanischen Verdinglichung der menschlichen Essenz (*atman*) in eine unabhängig von Körper und Geist existierende Entität gekennzeichnet. Seine ursprünglichen Belehrungen hoben hervor, daß das Ziel des spirituellen Lebens durch ständiges Gewahrsein der psycho-physischen Bestandteile des Menschen erlangt wird und nicht durch spekulative Untersuchungen eines göttlichen Absoluten oder eines Selbst, das der konkreten menschlichen Realität völlig entfremdet ist.

Das Aufkommen der Mahayana-Schulen war ebenfalls eine Reaktion auf die Überbetonung nirvanischer Ruhe, in der der Arhat in einem für andere unzugänglichen Zustand verweilte. Durch die Betonung des Bodhisattva-Ideals wurde das Hauptgewicht im Mahayana wieder in die Sphäre des konkreten menschlichen Lebens zurückgeholt. Dies ging so weit, daß Chandrakirti sagte, die Freude eines Bodhisattvas, wenn er einen Hilferuf hört, überwiege sogar die nirvanische Glückseligkeit des Arhats.[7]

Die Mahayana-Traditionen unterlagen jedoch auch den Tendenzen zur Idealisierung. Aufgrund ihrer Beschäftigung mit spekulativer Metaphysik stellte man sich den Buddha und die Bodhisattvas als strahlende ätherische Wesen vor, die ihren göttlichen Einfluß als unsichtbare Zuschauer – nicht als lebendige Teilnehmer – des menschlichen Dramas ausübten. Wieder rückten Ziel und Sinn des spirituellen Lebens in unerreichbare Ferne. Durch das Entstehen des Tantrismus in Indien und Tibet und des Ch'an (Zen) in China und Japan wurde der Buddhismus abermals in die Dimension konkreter menschlicher Existenz verlagert. Ein Hauptmerkmal der tantrischen Belehrungen ist, daß der Buddha mit dem eigenen menschlichen spirituellen Lehrer gleichgesetzt wird. Um noch mehr hervorzuheben, daß die Buddhaschaft eine konkrete Seinsweise des Menschen ist und kein unerreichbares Ideal, wird der verwirklichte Siddha oft so dargestellt, als lebte er ein gewöhnliches und bescheidenes Leben. Sahara, zum Beispiel, war ein Pfeilmacher, Tilopa ein Bettler und Marpa ein Bauer.[8] Ähnliche Berichte sind auch in der Literatur des Ch'an-Buddhismus im Überfluß vorhanden. Der erleuchtete Zen-Meister wird oft als jemand dargestellt, der die Verschrobenheiten, Zweideutigkeiten und Widersprüche des menschlichen Alltags persifliert. Den Buddha zu idealisieren und ihn als außerhalb der Sphäre menschlicher Existenz stehend anzusehen, wird als Anathema betrachtet. Solche Haltungen werden mit den heftigsten Worten verdammt: „Wenn du dem Buddha auf der Straße begegnest, töte ihn!"[9]

Heutzutage werden die Traditionen von Tantra und Zen selbst in großem Maße von der rigiden Institutionalisierung und Idealisierung dominiert, gegen die die tantrischen und Zen-Meister ursprünglich rebelliert hatten. Abgesehen von einigen Ausnahmen sind Spontaneität und Tiefe des menschlichen Gefühls, die so charakteristisch für die Gründer dieser Traditionen waren, mittlerweile von ausgedehnten Ritualen und trockenem Formalismus überdeckt worden. Die Möglichkeit lebendiger Buddhaschaft wurde mehr und mehr ins Unerreichbare verschoben und von dem Anspruch verdrängt, einer zum Objekt gemachten Tradition unkritisch Gehorsam zu leisten. Die frühen Siddhas wurden zu ätherischen Manifestationen übermenschlicher Buddha-Prinzipien gemacht. Selbst die lebenden Lehrer, von denen gesagt wird, daß Buddha in ihnen vorhanden ist, wurden sosehr ins Unerreichbare erhöht, daß die Buddhaschaft, obwohl theoretisch hier und jetzt verkörpert, wieder zu einem entfremdeten Ideal geworden ist. Die Koans, die von den frühen Zen-Patriarchen in Momenten direkter menschlicher Begegnung spontan geäußert worden waren, wurden systematisch aufgeschrieben und werden von Generation zu Generation weitergegeben. Beide Traditionen werden sosehr mit ihren kulturellen Ausprägungen identifiziert, daß es für ihre Verfechter zunehmend schwieriger wird zu unterscheiden, was essentiell zur religiösen Erfahrung gehört und was eine bloße kulturelle Hinzufügung ist.

Es läßt sich innerhalb der Entwicklung des Buddhismus ein Prozeß beobachten, der dem des Atmens gleicht. Dem Einatmen folgt das Ausatmen. Dazwischen gibt es einen Moment der Ruhe, in dem weder ein- noch ausgeatmet wird. Obwohl sie normalerweise unbemerkt bleiben, sind diese kurzen Momente genauso unerläßlich für den Prozeß des Atmens wie die Atemzüge selbst. Besonders wichtig ist der Moment nach dem Ausatmen, vor dem nächsten Einatmen. In diesem Moment wird entschieden, ob das Leben eines Organismus weitergeht oder aufhört.

Die Phase des Einatmens kann mit dem von Inspiration getragenen Entstehen und Anwachsen einer bestimmten buddhistischen Tradition verglichen werden, und das Ausatmen mit ihrem Verfall zu einer verfestigten, leblosen Form. Die Tradition lebt und blüht nur, wenn sie im Zusammenhang der menschlichen Existenz fest verankert ist und so eine wirkliche existentielle Bedeutung für die Glaubensgemeinschaft hat. Eine Bewegung erreicht ihren Höhepunkt, verweilt dort für einen glorreichen Moment und beginnt dann die Luft, die sie tief eingeatmet hatte, in den Raum idealisierter Abstrahierung auszuatmen. Dabei wird der Mensch der Verwirklichung seines inneren Potentials entfremdet.

Vor dem Einatmen, das den Funken der Inspiration enthält, und nach dem Ausatmen, das die Möglichkeit des Auslöschens beinhaltet, liegt ein entscheidender Punkt der Unsicherheit. In solchen Momenten geschehen die Schlüsselereignisse in der Entwicklung des Buddhismus. Das Hauptereignis war die Gegenwart Shakyamunis, auf den die frühen Schulen, zum Beispiel die des Theravada, zurückgehen. Weitere entscheidende Momente waren das Entstehen des Mahayana und innerhalb dieser Tradition des Tantrismus und des Ch'an. Diese vier Ereignisse waren lebensspendende Funken, die auf Perioden spiritueller Erstarrung folgten und neue Wellen authentischer religiöser Begeisterung hervorbrachten. Aber heute hat der Lebensatem dieser Traditionen die letzten Momente des Ausatmens erreicht.

Wir nähern uns dem entscheidenden Moment der Unsicherheit, oder vielleicht haben wir ihn auch schon erreicht. Wenn der „Organismus Buddhismus" nicht von einem frischen Lebensfunken neu stimuliert wird, kommt er allmählich zu einem Stillstand, und seine Energien werden in andere Gebiete integriert werden. Wir befinden uns in einer entscheidenden Periode, in der die traditionellen Formen des Buddhismus an ihren althergebrachten Standorten entwurzelt werden und mit den die heutige Welt dominierenden Bewegungen von Naturwissenschaft, Technologie und Sozialismus konfrontiert werden. Die Weltanschauungen, in die sie sich jahrhundertelang eingefügt hatten, werden von allen Seiten in Frage gestellt. Das Überleben des Buddhismus in dieser Welt, sei es auch nur in kleinem Umfang, als Gegengewicht zu den unterdrückerischen Kräften des Materialismus und zu dogmatischen politischen Ideologien ist nicht davon abhängig, ob eine der institutionalisierten Traditionen aufrechterhalten wird. Wir stellen hier nicht die Frage, ob bestimmte Elemente der traditionellen Glaubensstrukturen reformiert werden sollten, indem man Veraltetes verwirft und das betont, was dem Zeitgeist entspricht. Solch ein Ansatz hätte nur eine kosmetische Wirkung, der nicht nur in die falsche Richtung führt, sondern auch oft die negative Auswirkung hat, den Buddhismus auf ein rein psychologisches oder ethisches System zu reduzieren. Einzelne Elemente eines in sich stimmigen Systems verlieren ihre Bedeutung, wenn man sie losgelöst von ihrer Beziehung zum Ganzen betrachtet. Reformen und Veränderungen einer religiösen Struktur sind nur dann effektiv, wenn die kulturellen, sozialen, ökonomischen und historischen Bedingungen, unter denen sie entstanden, in ihren Hauptmerkmalen unverändert bleiben. Die Vorstellung, man könne modifizierte Formen des Theravada, des tibetischen oder japanischen Buddhismus in die Umgebung der modernen Welt verpflanzen, ist völlig unrealistisch.

Die Tatsache, daß es in der Vergangenheit so vielen verschiedenen, mittlerweile gut etablierten Traditionen gelungen ist, sich unter ziemlich unterschiedlichen kulturellen Bedingungen zu entfalten, zeigt jedoch, daß die eigentliche Natur der buddhistischen Erfahrung eine starke über-kulturelle Flexibilität besitzt. Es stimmt zwar, daß die Unterschiede in Weltanschauung und Kultur zwischen einer modernen Industriegesellschaft und einer traditionellen buddhistischen Gesellschaft weitaus größer sind, als sie jemals zwischen den Ländern waren, zwischen denen der Austausch buddhistischer Ideen usprünglich stattfand. Es stimmt jedoch auch, daß die grundlegenden Fragen, die sich den Menschen durch ihr bloßes In-der-Welt-sein stellen, heutzutage keineswegs weniger Rätsel aufgeben als vor tausend Jahren. Die Probleme von Sinnlosigkeit, Angst, Verzweiflung, Leiden und Tod bedrängen uns heute genauso wie zu früheren Zeiten. Die Unterschiedlichkeit der historischen und kulturellen Situation heute zeigt uns nur, daß die buddhistische Antwort auf die menschliche Existenz in großem Maße neu formuliert werden muß, wenn der Buddhismus eine wichtige Rolle im Leben der heutigen Menschen spielen möchte.

Das Überleben des Buddhismus hängt von der Wiederentdeckung seines innersten Funkens in unserer eigenen Erfahrung ab und der Formulierung dieser Erfahrung in einer Sprache, die eine direkte Beziehung zu den Hoffnungen und Ängsten der heutigen Menschen hat.

Bei diesem Unterfangen ist es von größter Bedeutung, den Buddha wieder fest in der lebendigen Sphäre konkreter menschlicher Existenz zu verankern. Dies beinhaltet, daß wir immer wieder die Menschlichkeit des Buddha hervorheben und Wert darauf legen müssen, daß seine Lehren und die seiner Nachfolger sich ausschließlich auf menschliche Seinsstrukturen beziehen. Der Buddhismus sollte uns ein Modell des bestmöglichen menschlichen Lebens geben und aufhören, sich auf das eventuelle Erreichen entfernter Ideale auszurichten. Außerdem sollten diese Lehren als Antworten formuliert sein, die sich auf die hauptsächlichen existentiellen Fragen beziehen, die heute gestellt werden. Nur dadurch, daß die Fragen immer lebendig gehalten werden, bleiben auch die Antworten lebendig und werden nicht als Werte an sich formuliert. So kritisch man auch bestimmten institutionalisierten Formen gegenüberstehen mag – der Prozeß der Neuartikulierung muß doch aus einer lebendigen Kontinuität der buddhistischen Traditionen hervorgehen und darin verwurzelt sein. Nur in der Atmosphäre eines tiefen Respektes für diejenigen, die den Lebensstrom des Buddhismus weitergeben, kann Kritik oder Neuinterpretation wirklichen Wert haben.

Flucht

Eine existentielle Auffassung des Buddhismus

FLUCHT ist ein Versuch, eine buddhistische Antwort auf bestimmte Aspekte unserer Situation als Menschen in einer zeitgemäßen Sprache und Denkweise zu formulieren. Einige der von mir verwendeten Begriffe und Vorstellungen lehnen sich an Abschnitte aus Martin Heideggers *Sein und Zeit* an, insbesondere an seine Erklärungen über *Verfallen, Angst* und *Tod*.

I Eine Problembeschreibung

Wieviel Zeit unseres Lebens verbringen wir damit zu vermeiden, was wir wirklich sind? Erkennen wir nicht insgeheim in einem verborgenen Winkel unserer selbst unsere trügerische Vermeidungsstrategie? Wie oft ertappen wir uns dabei, wie wir uns fröhlich irgendeiner trivialen Angelegenheit hingeben, obwohl eine Stimme aus einer tieferen Bewußtseinsebene uns zuflüstert, wie sinnlos unser Tun ist? Wie oft beobachten wir uns dabei, eine ernsthafte Unterhaltung zu führen, während ein anderer Teil von uns insgeheim unsere Worte als einen aussichtslosen Versuch ansieht, eine angenehme Illusion aufrechtzuerhalten, an die wir eigentlich nicht wirklich glauben? Selbst wenn wir versuchen, unsere Gedanken nach innen zu richten, um uns mit uns selbst zu konfrontieren – wieviel Zeit verbringen wir dennoch mit uns unkontrolliert überschwemmenden Erinnerungen und Phantasien? In all diesen Fällen haben wir es mit dem Phänomen der *Flucht* zu tun.

Die Wahrnehmung dieses Phänomens führt zu weiteren Fragen: Was ist Flucht? Wovor fliehen wir? Warum fliehen wir? Hat solch eine Flucht Sinn oder Wert? Wenn nicht, wie können wir mit ihr umgehen und uns ihrem Einfluß entziehen?

1. Furcht

Wenn ein Tier sich einer Gefahr ausgesetzt fühlt, reagiert es instinktiv auf eine von zwei Arten. Wenn möglich flieht es; wenn nicht kämpft es. In beiden Fällen wird seine Reaktion von *Furcht* hervorgerufen. Der primäre Reflex ist normalerweise die Flucht. Sie wird dem Standorthalten und Kämpfen vorgezogen. Vielleicht ist das so, da bereits ein unmittelbares Gefühl dessen, wovor sich das Tier fürchtet, Flucht auslöst, während beim Antritt zum Kampf die Furcht mit Aggression vermischt und von ihr gesteigert wird.

In ähnlich gefahrvollen Situationen verhalten sich die Menschen auf die gleiche Weise. Aber da sie mit einer höheren Intelligenz ausgestattet sind, können sie auf eine größere Anzahl von Taktiken zurückgreifen, um ihrem Gegner zu entkommen oder ihn zu bezwingen. Grundsätzlich ist ihr Reaktionsmuster jedoch das gleiche: Furcht, die entweder zur Flucht oder zum Kampf führt.

Die Furcht des Tieres ist eine instinktive Reaktion auf bedrohliche Objekte oder Umstände, die innerhalb seiner direkten Umgebung auftreten. Es sieht, hört, riecht oder fühlt etwas mit seinem Körper. Solche Sinneswahrnehmungen lösen ein Gefahrensignal aus, das automatisch Furcht hervorbringt. Obwohl die Menschen auch solchen Arten von Furcht ausgesetzt sind, leiden sie darüber hinaus auch noch unter Furcht einer anderen Kategorie. Diese entsteht, weil das menschliche Bewußtsein nicht auf die Wahrnehmung seiner unmittelbaren Umgebung beschränkt bleibt. Das Bewußtsein der Menschen unterscheidet sich von dem der Tiere dadurch, daß es Zugang zu Vorstellungen und Worten hat, die ihm ermöglichen, die räumliche Begrenztheit der Sinne zu überschreiten. Als menschliche Wesen leben wir nicht bloß in einer Umgebung, sondern in einer *Welt*. Unsere Welt ist räumlich ausgedehnter als unsere Umgebung, denn sie enthält Orte, die nicht in unserer unmittelbaren Nähe sind wie unsere Nachbarstadt, andere Länder, ja, den Planeten als Ganzes und sogar das gesamte Sonnensystem und das Universum. Darüber hinaus enthält die Welt, in der wir leben, auch die über die körperliche Ebene hinausgehenden Bereiche sozialer, ökonomischer und politischer Strukturen, umfaßt sie Religion, Philosophie, Recht und so weiter. Unsere Welt ist auch in zeitlicher Hinsicht weit umfassender: Sie reicht zurück in eine aus persönlichen Erinnerungen und unserer kollektiven Geschichte bestehende Vergangenheit und erstreckt sich vorwärts in eine Zukunft der Pläne und Möglichkeiten. Da wir in dieser Welt leben, stehen wir auch einer größeren Anzahl von Gefahren gegenüber. Bedrohliche Umstände sind nicht mehr nur auf das beschränkt, was wir durch unsere Sinne in unserer Umgebung wahrnehmen können, sondern sie sind unsichtbar, unhörbar und unberührbar geworden. Gefahr geht von unseren Feinden in anderen Ländern aus. Wir ahnen, daß die Zukunft uns schwere Zeiten bescheren wird. Mit Bangen erwarten wir die Resultate unserer in der Vergangenheit begangenen Handlungen. Im Gegensatz zur Furcht der Tiere ist unsere Empfindung nicht nur eine Sache des gegenwärtigen Momentes. Sie ist viel durchdringender geworden. Die Objekte unserer Furcht springen uns nicht mehr aus den Büschen an, sondern entspringen größtenteils unserem eigenen Bewußtsein. Sie gehen einher mit unserem Verständnis von uns selbst als einem einer bestimmten nationalen, politischen oder religiösen Gruppe zugehörigen sozialen Wesen. Sie werden uns ständig durch unser Erinnerungsvermögen und durch Schuldgefühle bewußt gemacht und türmen sich vor uns auf, wenn wir die Zukunft planen.

Diese spezifisch menschliche Art von Furcht entsteht vielleicht weniger plötzlich und ist weniger heftig als der Schrecken der Tiere, aber in ihrer Abstraktheit ist sie um so heimtückischer. Sie kann schon durch das Vernehmen eines Wortes entstehen, oder wir werden ständig von ihr verfolgt, ganz gleich wo wir uns aufhalten und was wir tun. Ihre Objekte sind potentiell immer gegenwärtig. Sie müssen nur ins Bewußtsein gerufen werden, dann entsteht schon die Furcht.

Um mit dieser Furcht umgehen zu können, greifen wir zu komplexeren Strategien als Flucht oder Kampf. Eine dieser beiden Reaktionen liegt als Muster dennoch oft unserem Reflex auf die Angst zugrunde. Flucht- oder Kampfverhalten nehmen hier einen eher psychischen Charakter an. Wir können unsere Furcht nicht länger dadurch überwinden, daß wir körperlich vor den Objekten davonlaufen, die sie verursachen. Wir können nur bis zu den Begrenzungen unseres Umfeldes rennen; wir können niemals die Horizonte unserer Welt überspringen. Auch die Objekte unserer Furcht können wir nicht physisch auslöschen. Niemand kann zum Beispiel eine drohende Ölkrise vernichten. Da die Objekte unserer Furcht nicht direkt in unserer Umgebung vorhanden sind, sondern hauptsächlich im Bewußtsein existieren, spielen sich unsere Reaktionen auf die Furcht ebenso meist im Geiste ab.

Lassen sie uns ein Beispiel betrachten, das verdeutlicht, wie wir als Menschen mit unserer Furcht umgehen: Wir erkennen, daß unser Leben von der Möglichkeit eines atomaren Krieges bedroht wird. Dieser Gedanke bringt Furcht mit sich. Wir können mit dieser Furcht auf zwei verschiedene Arten umgehen. Einerseits können wir versuchen, eine Strategie der Vermeidung zu finden. Diese könnte die Form einer tatsächlichen Flucht annehmen; wir könnten zum Beispiel in dem Glauben nach Neuseeland auswandern, daß die Auswirkungen der atomaren Strahlung nicht bis dorthin gelangen werden. Oder sie könnte die Form einer geistigen Flucht annehmen, indem wir uns selbst davon überzeugen, daß keine Nation so dumm sein kann, den Beginn eines solchen Krieges in Kauf zu nehmen, und daß die Führer der Welt geistig gesunde, vernünftige Menschen sind, die es niemals zulassen würden, daß so etwas Schreckliches passiert. Oder wir könnten unsere Furcht einfach als irrelevant abtun, sie beiseite schieben und uns anderen Dingen zuwenden.

Die zweite Möglichkeit wäre, der Angelegenheit mutig gegenüberzutreten und eine Strategie zu entwickeln, die verspricht, die Gefahr zu mindern oder sogar zu beseitigen. Vielleicht entschließen wir uns dazu, die Anti-Atom-Politik einer bestimmten politischen Gruppe zu unterstützen. Oder wir gehen mit der Ansicht der Herrschenden einher, daß der Frieden durch ein „Gleichgewicht des Schreckens" gesichert werden kann. Oder wir kommen zu dem Schluß, daß eine wirkliche Lösung einzig gefunden werden kann, indem wir die psychischen Faktoren von Selbstsucht und Haß überwinden, weil diese es schließlich sind, die letztlich den Finger dazu bringen, den fatalen Knopf zu drücken.[1]

Diese beiden Alternativen des Vermeidens oder verantwortungsvollen Gegenübertretens sind die menschlichen Entsprechungen der instinktiven Reaktionen von Flucht oder Kampf. Bei beiden Möglichkeiten ist die Richtung unserer Handlungsweise jedoch nie so festgelegt wie bei den Reflexen auf der Ebene des Tieres. Die ursprüngliche Furcht kann jederzeit plötzlich wieder hervorbrechen. Es können unvorhersehbare Elemente auftauchen, die unsere Sicht der Situation verändern. Oder wir werden von den Argumenten anderer, die entgegengesetzte Meinungen vertreten, umgestimmt. Furcht in einer menschlichen Welt erstreckt sich von der Vergangenheit bis in die Zukunft, wir müssen ihr mit Hilfe von Vorstellungen und Ideen gegenübertreten. Diese sind aber immer den Schwankungen des menschlichen Intellekts unterworfen.

Bei den Reaktionen auf Furcht auf der tierischen Ebene ist Flucht normalerweise der *anfängliche* Reflex. Aber beim Tier können wir nicht von einer *moralischen* Überlegenheit von Flucht oder Kampf sprechen. Die Reaktion hängt allein von den äußeren Umständen ab. Fliehe, wenn es möglich ist, ansonsten kämpfe. In einer menschlichen Welt der ethischen Werte und sozialen Verpflichtungen wird im allgemeinen das Vermeiden von Furcht durch Flucht als ein Zeichen moralischer Schwäche angesehen; es sei denn die Konfrontation mit der bedrohlichen Situation und das Einschlagen eines Kurses zur Beseitigung der Ursache der Furcht erscheinen unmöglich. Unsere instinktive Natur gerät hier in Konflikt mit unserem ethischen Anspruch. Instinktiv möchten wir fliehen, aber moralisch fühlen wir uns verpflichtet, die Stellung zu halten und der Gefahr gegenüberzutreten.

2. Angst

Flucht, so wie wir sie bisher betrachtet haben, ist eine der beiden grundlegenden Reaktionen auf Furcht, welche wiederum eine Reaktion auf eine Gefahr oder Bedrohung darstellt. Auf der Ebene der Tiere nimmt Flucht die Form des Davonlaufens an, auf der menschlichen Ebene handelt es sich dagegen meist um eine geistige Form von Flucht. Doch selbst wenn die Flucht geistiger Natur ist, ist sie als Reaktion auf Furcht immer noch in gewissem Maße durch eine objektive Situation in der äußeren Welt bedingt. Die Fluchtstrategie mag darin bestehen, sich hinter einem geistigen Schleier aus Erklärungen, Rechtfertigungen und Vorspiegelungen zu verstecken, aber in den meisten Fällen ist das, wovor wir fliehen, doch etwas, das tatsächlich oder möglicherweise außerhalb von uns existiert. Eine Ausnahme hiervon wäre das neurotische Vermeiden oder Unterdrücken nicht akzeptierter Charakterzüge unserer Persönlichkeit. Aber selbst in diesem Falle, in dem sowohl das Objekt der Furcht als auch die Furcht selbst und die Flucht sich im Bereich der Psyche abspielen, beschäftigen wir uns immer noch mit einem bestimmten Phänomen in unserer Welt, dem wir entweder entfliehen oder entgegentreten können.

An diesem Punkt wollen wir uns einer noch grundlegenderen Form der Flucht zuwenden. Flucht ist nämlich nicht nur eine Reaktion auf Furcht, sondern auch auf *Angst*. Dies führt uns über die Ebene der physischen und psychischen Flucht hinaus, zur *existentiellen Flucht*. Existentielle Flucht ist keine Reaktion auf ein Phänomen in der Welt, sondern eine dem Menschen eigene Form der Reaktion auf seine Existenz als solche. Sie wird nicht von Furcht in bezug auf etwas Bestimmtes ausgelöst, sondern von der Angst, die angesichts der überwältigenden Gegenwart von Leben und Tod entsteht.

Es wurde von mehreren existentialistischen Philosophen gezeigt, daß Furcht und Angst sehr unterschiedliche Phänomene sind. Furcht hat immer ein Ding als Objekt. Das Gefühl der Furcht kann entweder dadurch beseitigt werden, daß man sich selbst vom Objekt entfernt (Flucht) oder aber das Objekt beseitigt (Kampf). Es ist ein besonderes Merkmal der Furcht, daß ihr Entstehen immer mit der Gegenwart eines Dinges einhergeht – sei es das Auftauchen eines gefährlichen Tieres, die Möglichkeit eines atomaren Krieges oder ein neurotischer Komplex

– und daß sie verschwindet, sobald ihr Objekt verschwindet. Sie ist nur ein Moment im Strom des Lebens.

Angst hat im Gegensatz dazu nie ein bestimmtes Phänomen zum Objekt und wird in diesem Sinne als „objektlos" bezeichnet. Die Empfindung von Angst entsteht, wenn sich uns unsere Existenz an sich öffnet. Sie kommt auf, wenn wir uns bewußt werden, wie unser Leben aus dem Nichts kommt – und in einem gefährlichen Schwebezustand zwischen Geburt und Tod hängt. Im Unterschied zur Furcht kann Angst nicht dadurch überwunden werden, daß wir uns von ihrer Ursache entfernen, da wir uns ja nie aus unserer eigenen Existenz entfernen können. Ganz egal wohin wir uns flüchten, wir werden immer mit dem konfrontiert, was wir sind. Anders als Furcht kann auch Angst nicht dadurch sinnvoll überwunden werden, daß wir ihren Verursacher beseitigen. Wollten wir das vernichten, wodurch Angst hervorgerufen wird, nämlich unsere Existenz an sich, wäre Selbstmord die Konsequenz. Und anders als Furcht ist Angst auch nicht nur ein Moment in unserem Lebensstrom, sondern eine unsere Existenz durchziehende Empfindung.

Angst ergreift uns in jenen seltenen Momenten, in denen wir fühlen, daß wir nur in diese Welt geboren wurden, um letztlich im Tode wieder aus ihr verstoßen zu werden. Wir haben uns nicht dafür entschieden zu existieren. Es ist so, als wären wir ohne unser Zutun in die Welt geworfen worden. Wir erinnern uns nicht daran, was unserer Geburt vorausging – wenn es da überhaupt etwas gab. Wir scheinen auch für das Phänomen „Leben" nicht besonders gut gerüstet zu sein. Wir finden es unverständlich, verwirrend und oft schmerzhaft. Und wohin führt es uns? Zu einem nicht umkehrbaren Prozeß des Alterns und schließlich zum Tod. In jedem Moment des Lebens rückt der Tod einen Moment näher. Der Tod ist das einzige, was uns mit Sicherheit erwartet. Wann er eintreten wird, ist jedoch völlig unbestimmt. Was jenseits des Todes und vor der Geburt existiert, wissen wir nicht. Wir stehen in dieser Beziehung einer undurchdringlichen Wand gegenüber, die von einer verwirrenden Vielzahl widersprüchlicher Spekulationen überdeckt ist.

Mehr als unsere Geburt, die als etwas unwiderruflich Geschehenes hinter uns liegt, beschwört der uns bevorstehende Tod Angst herauf. Unser Tod sollte nicht nur als ein Ding betrachtet werden oder als ein Ereignis neben vielen anderen. Der Tod ist eine ständig gegenwärtige Möglichkeit. Unser Leben ist eine unablässige Bewegung auf den Tod zu. Bewußt oder unbewußt wird jeder Moment unseres Seins von der Möglichkeit überschattet, nicht mehr zu sein. In der durch die Möglichkeit unseres Todes hervorgerufenen angstvollen Stimmung eröffnet sich uns das Nicht-sein. Und nur vor dem Hintergrund des Nicht-seins sind wir fähig, das volle Ausmaß unseres Seins in seiner ihm wesenseigenen Endlichkeit zu erfahren.

Solch tiefverwurzelte Angst bricht nur selten hervor. Ihr Auftreten ist auch nicht vorhersehbar. Sie kann uns in jedem Moment ergreifen. Gewöhnlich schieben wir sie als irrational und unbegründet beiseite oder überdecken sie mit unserem gewohnheitsmäßigen verbalen oder geistigen Geschwätz. Was sie uns eigentlich offenbart, wird selten ans Licht gebracht und klar artikuliert. Wenn sie wieder verschwunden ist, bleibt nur eine schwache Erinnerung an etwas Unerklärliches und Unheilschwangeres. Meistens bleibt diese Angst unbewußt bestehen. Sie wird unterdrückt und ist doch unterschwellig immer da.

3. Existentielle Flucht

Angst als Grundgefühl unserer Existenz ruft ebenfalls eine tiefliegende Reaktion hervor. Ich nenne sie „existentielle Flucht". Da wir uns normalerweise dieser Angst nicht bewußt sind, ist uns auch unsere Fluchtreaktion nicht bewußt. Und genau wie die Angst immer gegenwärtig ist, ist auch die existentielle Flucht ein immer gegenwärtiges, tief in uns verwurzeltes Merkmal unseres Seins.

Flucht angesichts von Angst wird als „existentiell" bezeichnet, da sie ein unsere momentane Existenz durchziehendes Strukturmuster ist.

Diese Art von Flucht ist weder eine körperliche noch eine intellektuelle Reaktion auf eine in unsere Existenz eintretende bedrohliche Begebenheit. Sie geht nicht mit einem Ausstoß von Adrenalin in unseren Blutstrom einher und bringt uns auch nicht dazu, komplexe Rechtfertigungs- oder Fluchtstrategien zu entwerfen. Sie ist auch kein gelegentlicher Trick, dessen wir uns unter bestimmten Bedingungen bedienen. Sie unterscheidet sich von gewöhnlicher Flucht in gleichem Maße, in dem sich Angst von Furcht unterscheidet. Sie stellt eine Art von tiefverwurzelter Empfindsamkeit dar, die ein Merkmal unserer Existenz selbst ist.

Jeder Art von Flucht geht eine Bedrohung voraus, *vor der* wir fliehen, und einen von der Bedrohung freien Ort, *zu dem* wir fliehen. Wenn wir aus Furcht vor etwas Bestimmtem flüchten, sind die beiden Faktoren gewöhnlich recht leicht auszumachen. Wir fliehen vor einem gefährlichen Tier an einen sicheren Ort, zum Beispiel auf einen Baum. Oder wir flüchten vor der Möglichkeit eines atomaren Krieges in ein Land, das voraussichtlich jenseits des von der Strahlung betroffenen Gebietes liegt. Oder wir vertreten den Standpunkt, daß die Wahrscheinlichkeit eines solchen Krieges sehr gering ist. Oder wir flüchten vor einem beunruhigenden psychischen Problem, indem wir es unterdrücken.

Aber wohin flüchten wir im Falle der existentiellen Angst? Wir fliehen vor der überwältigenden Unermeßlichkeit der Existenz, die unkontrollierbar auf den Tod zueilt. Sie macht uns Angst, und dies veranlaßt uns zur Flucht. Aber wo können wir einen Zufluchtsort finden, an dem die Existenz selbst, zusammen mit ihrer Bedrohung durch den Tod, nicht vorhanden wäre?

Existentielle Flucht drängt uns dazu, uns in den Dingen der Welt zu verlieren. Denn dadurch werden wir fähig, uns von der Unheimlichkeit von Leben und Tod abzulenken. Wir sind jetzt frei, uns mit einer viel überschaubareren Wirklichkeit zu beschäftigen, die sich aus genau definierten Dingen und begrenzten Situationen zusammensetzt. Es scheint uns, als hätten wir in der Welt der Dinge ein gewisses Maß an Kontrolle über äußere Begebenheiten und unser eigenes Leben erreicht. Wir können darin aufgehen, materielle Dinge anzuhäufen oder Berühmtheit zu erlangen oder Einfluß über andere zu gewinnen. Wir legen es darauf an, uns eine sichere und beständige Existenz aufzubauen. Und diese grundsätzliche Einstellung zur Existenz wird dann auch von solch anonymen, aber respektierten Autoritäten wie dem „gesunden Menschenverstand" oder der „öffentlichen Meinung" gebilligt und unterstützt. Damit wird jeder Zweifel, daß wir uns irgendwie selbst nicht ganz treu sein könnten, zum Schweigen gebracht, und wir fühlen uns in unserem unablässigen Trachten nach Dingen völlig im Recht.

Sich in der Welt der Dinge zu verlieren ist das Hauptmerkmal existentieller Flucht. Wir erschaffen uns einen scheinbar sicheren Ort, an dem uns die fast beschämende Wirklichkeit von Leben und Tod nicht mehr so bedrohlich erscheint. Hier finden wir einen Bereich, in dem die Last der mit der Angst einhergehenden Enthüllungen nicht mehr gefühlt wird. Das sich Verlieren in der Welt der Dinge reduziert *alle* Phänomene auf die Ebene begrenzter manipulierbarer Wesenheiten – daher vermittelt es uns so wirkungvoll ein sicheres Gefühl. Selbst Geburt, Leben und Tod werden nur als Dinge neben einer Vielzahl anderer Dinge angesehen. Obwohl wir beobachten, daß sie dauernd geschehen, erscheinen uns diese Phänomene irgendwie als etwas weit Entferntes, Objektiviertes und von unserem inneren Selbst Getrenntes. Wir sind ihrer Bedeutung gegenüber taub geworden. Sie kommen in unseren täglichen Unterhaltungen vor, aber wir schenken ihnen nicht die ihnen gebührende Beachtung. Als Gesprächsinhalt vermischen sie sich unauffällig mit den Nachbarn, den Neuigkeiten und dem Wetter.

Existentielle Flucht läßt uns aus den Augen verlieren, wer wir wirklich sind. Je mehr wir der Wirklichkeit unserer Existenz entfliehen, desto mehr verstricken wir uns in eine bloß erdichtete Existenz. Statt unsere bedingte, unbeständige Natur zu akzeptieren, glauben wir an ein nicht-bedingtes, starres Ego. Wir halten uns in einer Welt begrenzter, manipulierbarer Dinge auf und betrachten uns selbst als begrenzt und manipulierbar. Dies hat zur Folge, daß wir andere genauso ansehen. Unsere ganze Welt steht uns als mit unabhängigen, beziehungslosen Dingen gefüllter Raum gegenüber; und all diese Dinge stehen uns potentiell zum Gebrauch und zur Manipulation zur Verfügung.

Wir sollten nicht vergessen, daß existentielle Flucht nicht mit einer Flucht im üblichen Sinne des Wortes, d. h. als Davonlaufen vor einer bedrohlichen Situation zu einer sicheren Situation an einem anderen Ort, gleichgesetzt werden kann. In der existentiellen Flucht wenden wir uns nicht *tatsächlich* von Geburt und Tod ab, um uns in die Welt der Dinge an einem anderen Ort zurückzuziehen. Solch eine dingliche Welt steht ja nicht irgendwo für uns bereit, so daß wir uns einfach in sie flüchten könnten, sondern sie ist immer da, genau wie unsere Existenz selbst immer da ist. Die Flucht als solche ähnelt eher einem Umschalten – wir begeben uns in eine mögliche Struktur und schließen eine andere aus. Im Prozeß der Flucht und des Aufgehens in Dingen weigern wir uns, unsere Existenz an sich anzuerkennen, und bestehen darauf, daß einzig die Welt der Dinge wirklich ist. Dabei schreiben wir den Dingen eine Seinsweise zu, die sie gar nicht besitzen. Wir betrachten sie als letztendliche, selbstexistente Wirklichkeiten. In solch einer Welt, inmitten vorhersehbarer, objektivierter Wesenheiten, fühlen wir uns aufgehoben und sicher.

Obwohl die Ursprünge und Konsequenzen existentieller Flucht hier in linearer, kausaler Folge beschrieben wurden, sollten wir nicht annehmen, daß es sich dabei um eine Abfolge von Geschehnissen handelt, die sich eines nach dem anderen in einer bestimmten Zeitperiode ereignen. Es ist nicht so, daß im ersten Moment Angst entsteht, im zweiten Flucht, im dritten das sich Verlieren in der Welt der Dinge und wir im vierten Moment diesen Dingen eine Selbstexistenz zuschreiben. Da das Denken selbst einer zeitlichen Folge unterworfen ist, bedienen wir uns hier, der Klarheit wegen, der zeitlichen Kategorien von Ursache und Wirkung. Tatsächlich geht die Angst jedoch nur *logisch* der Flucht voraus, und das sich Verlieren folgt auch nur logisch auf sie. In der Wirklichkeit gibt es keine fest umrissene zeitliche Abfolge. Diese Phänomene können nicht isoliert voneinander auftreten. Wo Angst existiert, gibt es auch existentielle Flucht und das sich Verlieren in der Welt der Dinge. Es wird den Dingen dann auch immer Selbstexistenz zugeschrieben. Genauso kann man sagen: Wo Selbstexistenz ist, gibt es Angst, existentielle Flucht und sich Verlieren in Dingen. Sie lassen sich nur logisch trennen und in einer zeitlichen Abfolge anordnen; tatsächlich aber sind sie vier gleichzeitige Aspekte eines einzigen Existenzmusters.

Wir haben die existentielle Flucht auch als ein unterschwelliges „Strukurmuster unserer momentanen Existenz" bezeichnet. Wenn wir dieses Muster nochmals von einer umfassenderen Perspektive aus betrachten, können wir sehen, daß existentielle Flucht nur ein Teil einer komplexeren Struktur ist. Je nach Intention und Ausgangspunkt könnten wir mit der gleichen Berechtigung den Zustand der Angst als Grundmuster unserer Existenz bezeichnen oder die Haltung des sich Verlierens in der Welt der Dinge oder das Zuschreiben einer unabhängigen Selbstexistenz. Am präsesten erscheint es mir, die Angst als *Gemütslage* dieses unserer Existenz zugrundeliegenden Strukturmusters zu bezeichnen, existentielle Flucht und sich Verlieren in der Welt der Dinge als seine *Dynamik* und das Zuschreiben von Selbstexistenz als seine *geistige Einstellung*. Wir könnten sie auch als die Gemütslage, die Dynamik und die geistige Haltung voneinander bezeichnen. Im Falle der existentiellen Flucht würde dies bedeuten, daß ihre Gemütslage die Angst ist und ihre geistige Einstellung die Überzeugung, daß die Dinge Selbstexistenz besitzen.

Da wir nicht unserer eigenen Existenz entfliehen können, ist existentielle Flucht von Anfang an zum Scheitern verurteilt. Sie ist von Natur aus aussichtslos. Wie sehr wir uns auch in die Manipulation von Dingen und Situationen vertiefen, wir werden immer wieder unvorhersehbaren Ausbrüchen von Angst ausgesetzt sein. Ganz egal wie sehr wir uns selbst davon überzeugt haben, daß persönlicher Erfolg, Reichtum, Respekt und Wissen das wirklich Wertvolle im Leben sind, der Schatten unseres eigenen Todes kann doch ganz plötzlich auftauchen und diese Überzeugung in sich zusammenfallen lassen. Solange unsere Handlungen von der Flucht vor der Unermeßlichkeit von Geburt und Tod angetrieben sind, werden wir uns solchen unangenehmen Zusammenbrüchen ausgesetzt sehen, in denen wir das Gefühl haben, daß all unser Tun uns nichts eingebracht hat und daß all unsere Anstrengung und Mühsal uns nirgendwohin führen. Es ist so, als wären wir im Kreise herumgelaufen und kämen immer wieder am Ausgangspunkt an – bei der angstbeladenen Konfrontation mit der Endlichkeit unserer eigenen Existenz.

Würden wir das Phänomen der existentiellen Flucht in uns selbst anerkennen, wären wir auch gezwungen, unsere Irrtümer und unsere Verwirrung einzugestehen. So zu leben und zu handeln, als könne man der Bedrohung durch den Tod entgehen, ist fraglos ein Irrtum und ein Zeichen von Verwirrung. Dieser Irrtum bleibt auch nicht ohne Konsequenzen. Er bringt uns in frustrierende Konflikte mit der Wirklichkeit, wenn unsere illusionäre Welt verfestigter selbstexistenter Wesenheiten nicht unserer Wunschvorstellung von einem angstfreien, sicheren Hafen entspricht.

Unsere existentielle Flucht ist vorwiegend unbewußt und wird bestenfalls verschwommen artikuliert. Selbst bei den Gelegenheiten, in denen wir uns ihrer durch einen plötzlichen Schock bewußt werden, sind wir eifrigst darauf bedacht, sie möglichst schnell wieder zu vergessen. Selten unternehmen wir absichtlich den Versuch, uns diese Flucht vor uns selbst bewußt zu machen. Solch ein Gewahrwerden wäre jedoch einer der ersten Schritte, um ihren negativen Einfluß auf uns zu überwinden.

Am Anfang dieser Schrift habe ich bereits darauf hingewiesen, daß es Momente gibt, in denen wahrscheinlich die meisten von uns diese Flucht in der einen oder anderen Form beobachtet haben. Gelegentlich erlaubt uns ein ruhiges inneres Gewahrsein eine Einsicht – wenn auch nur eine flüchtige – darin, wie sehr wir von irgendeiner Banalität besessen sind. Wir haben vielleicht schon bemerkt, wie unangenehm berührt wir uns fühlen, wenn in einer Unterhaltung der Tod erwähnt wird, und wie wir versuchen, das Thema zu vermeiden. Vielleicht sind wir auch einmal selbst in eine ungewohnte Betrachtung unserer Welt verfallen, die uns dazu brachte, uns eine Weile aus ihr zurückzuziehen, um zu beobachten, wie die Menschen sich eifrigst selbst vergessen – ein unheimliches Phänomen. Wir haben vielleicht versucht, den Geist durch Meditation zur Ruhe zu bringen, nur um ganz überrascht herauszufinden, daß unser Bewußtsein sich weigert, in der Gegenwart zu verweilen, und sich statt dessen unkontrollierbar in die Sicherheit dessen flüchtet, was war und was sein könnte. In all diesen Fällen werden wir uns, sei es auch nur vage, der tiefsten Form der Flucht bewußt – der existentiellen Flucht. Wir tragen das Potential in uns, ein ruhiges, gelöstes Gewahrsein zu entwickeln, das selbst unsere innersten Einstellungen klären und beurteilen kann, ohne in die unkontrollierte Aufgeregtheit zu verfallen, die mit unserem betriebsamen Alltag einhergeht. Solch ein Gewahrsein ist jedoch normalerweise nicht vorhanden. Wir bleiben völlig unbewußt und werden vom Strom der Gedanken und Ereignisse mitgerissen. Solch einen Zustand losgelösten Gewahrseins zu entwickeln und zu lernen, darin zu verweilen, ist jedoch unerläßlich, wenn wir die Zwanghaftigkeit unserer Flucht überwinden wollen, denn es eröffnet uns einen realistischeren und erfüllenderen Zugang zur Existenz.

Ein anderer wichtiger Punkt beim Entwickeln einer Bewußtheit der existentiellen Flucht ist es, zu erkennen, daß sie keine Reaktion auf Furcht ist, sondern auf Angst. Eine der Hauptursachen dieser zwecklosen und in die Irre führenden existentiellen Flucht ist die Annahme, daß Angst einfach nur eine Form von Furcht ist und sie daher überwunden werden kann, indem man so auf sie reagiert, als sei sie Furcht. Wie bei der Furcht ist auch bei der Angst unsere anfängliche Reaktion zu fliehen. Dies ist der ursprüngliche, dem Verhalten der Tiere gleichende Reflex, über den wir bereits sprachen. Aber da es sich bei der existentiellen Flucht um eine größtenteils unbewußte Reaktion handelt, wird sie weder durch bewußte Überlegungen überprüft noch durch moralische Beschränkungen beeinflußt – wie es sonst der Fall bei einer menschlichen Reaktion auf Furcht ist. Diese Art von Flucht findet daher völlig ungehindert statt, wenn wir uns nicht ihrer Zwecklosigkeit bewußt werden. Aber selbst wenn dies einmal geschehen sollte, werden derartige Erkenntnisse schnell wieder beiseite gewischt und vergessen. Die Alternative zur Flucht, nämlich das Objekt unserer vermeintlichen Furcht zu zerstören, statt ihm zu entfliehen, hätte in unserem Fall verheerende Folgen. Denn dies würde die Zerstörung unserer Existenz selbst bedeuten, wir müßten, in anderen Worten ausgedrückt, Selbstmord begehen. In solchen Momenten erreichen wir einen ausweglosen Punkt. Unsere gewohnte Lebensweise erscheint uns zweck- und sinnlos, aber wir sehen auch keinen Weg, sie zu beenden.

Es gibt jedoch einen Weg aus dieser Sackgasse, wenn wir erkennen, daß Angst sich grundsätzlich von Furcht unterscheidet, und uns klar wird, daß wir nicht wirksam mit ihr umgehen können, so als sei sie Furcht. Indem wir entweder mit Flucht oder mit Kampf in ihren gröberen oder subtileren Ausprägungen reagieren, können wir vielleicht unserer Furcht begegnen, aber diese Reaktionsweisen führen uns nur in einen unlösbaren Konflikt, wenn es darum geht, mit Angst umzugehen. Um das existentielle Problem der Angst wirklich zu lösen, müssen wir einen völlig anderen Ansatz finden.

Vielleicht stellen wir uns nun die folgenden Fragen: „Ist es wirklich möglich, eine Veränderung bei solch grundlegenden existentiellen Phänomenen wie der Angst vor dem Tod und der aus ihr entstehenden Flucht in die Welt der Dinge herbeizuführen? Wurden diese Phänomene nicht als unserer Existenz zugrundeliegende „Muster" und „Strukturen" bezeichnet? Ist es nicht unser Schicksal, als Mensch solchen Phänomenen als Teil unserer Lebensbedingungen unterworfen zu sein?"

Obwohl unser Leben, so wie wir es kennen, von Angst und existentieller Flucht gekennzeichnet ist, beinhaltet das nicht, daß diese *inhärente* Merkmale menschlicher Existenz sind. Wir haben keine Veranlassung, sie als etwas dem Menschen Wesenseigenes zu betrachten, als etwas, das Teil seiner unveränderlichen Essenz ist. (Solch eine unveränderliche Essenz anzunehmen, wäre selbst ein Anzeichen dafür, daß wir unter den Einfluß existentieller Flucht geraten sind und aus deren geistiger Einstellung heraus den Dingen Selbstexistenz zuschreiben.) Trotz ihrer tiefen Verwurzelung sind Angst und die von ihr hervorgerufene Flucht doch bedingte Reaktionen. Als solche können sie verändert werden. Diese Veränderung setzt jedoch eine tiefgreifende Neuorientierung unserer gegenwärtigen Einstellung zur Existenz voraus.

II Eine buddhistische Antwort

Bis jetzt habe ich versucht, bestimmte Aspekte unserer gegenwärtigen Situation zu beschreiben, ohne direkt auf offensichtlich „buddhistische" Vorstellungen zurückzugreifen. Die meisten der bisher verwendeten Begriffe – wie z. B. Angst, Flucht, sich Verlieren in Dingen – kommen in den traditionellen buddhistischen Darstellungen nicht vor. Ich wollte unsere existentielle Problematik in einer Denkweise beschreiben, die aus unserer heutigen Weltanschauung heraus leichter zu verstehen ist. Es ist immer wichtig, ein Problem klar zu umreißen, bevor man daran geht, es zu lösen. Dies trifft besonders dann zu, wenn die Lösung in einer Sprache und Denkweise formuliert ist, die uns in vieler Hinsicht fremd ist. Wir müssen uns den buddhistischen Lehren von „unten" her annähern, das heißt von den realen Tatsachen unserer eigenen Existenz her. Es ist dagegen gefährlich, sie von „oben" her anzugehen, indem wir uns zunächst mit bestimmten Doktrinen auseinandersetzen, die wir dann der menschlichen Existenz anzupassen versuchen.

Ein Ansatz von „unten" her ist in der gegenwärtigen Situation besonders wichtig, da der Prozeß des Buddhismus, in einer modernen weltlichen Kultur Wurzeln zu schlagen, noch nicht abgeschlossen ist. Wir können nicht einfach seine komplette Ideenlehre in unser gegenwärtiges moralisches und intellektuelles Klima verpflanzen, da sie unter Bedingungen entstand, die sehr verschieden von den unseren sind. Durch die unkritische Übernahme eines uns fremden Glaubenssystems laufen wir Gefahr, von der aktiven Teilnahme an den realen Situationen des uns umgebenden Lebens abgeschnitten zu werden. Mit anderen Worten: Die Hinwendung zum Buddhismus könnte dann zu einer weiteren Form von Flucht vor uns selbst werden.

Sich von „unten" anzunähern, ist typisch für den buddhistischen Ansatz. Dies zeigt sich in den Darlegungen der ersten und zentralen

Belehrung des Buddha, den *Vier Edlen Wahrheiten*. Buddha hob darin hervor, daß es zunächst einmal wichtig ist, das Problem bewußt wahrzunehmen – die erste Wahrheit ist die des Leidens –, um dann zu den anderen Wahrheiten fortzuschreiten, die eine Lösung des Problems aufzeigen. Die Lösung vollzieht sich in drei Schritten: Die Ursachen des Problems zu verstehen; zu sehen, daß das Problem überwunden werden kann, sobald seine Ursachen beseitigt sind, und den Weg zu erkennen und zu gehen, der zur Überwindung des Problems führt. Der Begriff „Leiden" verändert dabei immer wieder seine Bedeutung. Allgemein gesprochen ist die menschliche Existenz stets dem Leiden durch Krankheit, Alter und Tod ausgesetzt, welche unvermeidliche Konsequenzen unseres Geborenseins sind. Aber heutzutage macht sich die Mehrheit der Menschen, besonders im Westen, kaum mehr in erster Linie Sorgen um solche körperlich bedingten Leiden des Lebens. Sie fürchten sich auch nicht mehr vor im Jenseits eventuell bevorstehenden Höllenqualen, sondern werden mehr und mehr von Leiden auf einer eher geistigen oder existentiellen Ebene geplagt. Darunter fallen Phänomene wie Furcht und Angst – wie sie oben beschrieben wurden – ebenso wie Gefühle von Sinnlosigkeit, Entfremdung, Einsamkeit und Verzweiflung. Das Leiden wird heutzutage nicht nur als eine Folge der verkörperten Existenz erfahren, sondern eher als ein Gefühl spirituellen Unwohlseins.

Wir haben bisher die Probleme Furcht, Angst und Flucht erörtert und möchten nun untersuchen, welche Lösungen auf diese Fragen in den Lehren des Buddhismus zu finden sind. Da viele der erwähnten Vorstellungen, wie zum Beispiel „existentielle Flucht", im traditionellen buddhistischen Gedankengut nicht vorkommen, wird es nötig sein, diese Doktrin mehr als nur oberflächlich zu untersuchen, um die bisher beschriebenen Existenzmuster wiederzufinden. Ich werde versuchen aufzuzeigen, daß das Phänomen der „existentiellen Flucht" und die mit ihr verbundenen Faktoren uns gar nicht so fremd sind, wie es uns vielleicht zunächst erscheint. Bei genauerer Betrachtung erkennen wir, daß viele der Hauptmerkmale des Buddhismus mit diesen Phänomenen aufs engste verbunden sind. Auf diese Weise werden wir befähigt, die Gemeinsamkeiten zwischen unserer eigenen Situation und den buddhistischen Lehren zu erkennen und damit die Bedeutung und die Praxis des Buddhismus klarer zu verstehen.

Von dem Moment an, in dem der Buddha sich entschloß, anderen mitzuteilen, was er entdeckt hatte, und sich auf seinen langen Marsch von Bodh Gaya nach Benares begab, ist die Geschichte des Buddhismus im wesentlichen nichts anderes als ein ständiger Versuch, den Pfad zur Erleuchtung zu beschreiben. Obwohl die unterschiedlichsten Ansätze – vom Empirismus bis zur Metaphysik, von der Logik zur Paradoxie, vom Skeptizismus zum Pietismus, vom Rationalismus zum Mystizismus – in ihm enthalten sind, bleibt der zentrale Punkt des Buddhismus stets die Erfahrung der Erleuchtung. Der Buddhismus hat durch die Jahrhunderte in vielen verschiedenen Ländern und Kulturen unterschiedliche Formen angenommen. Ihnen allen liegt aber die eine Wahrheit der Erleuchtung zu Grunde, die der Buddha vor über zweitausend Jahren erlangt hat.

Jede später entstandene Tradition entwickelte ihre eigenen Ansätze in bezug auf den Pfad der Erleuchtung und hob gewisse Merkmale hervor, die sie für besonders wichtig erachtete. Die verschiedenen Schulen entstanden sowohl als Reaktion auf frühere Strömungen im buddhistischen Gedankengut, die der Stagnation oder dem Extremismus anheimgefallen waren, als auch als Erneuerungs-Bewegung, um die Form der Religion den Tendenzen der Zeit anzupassen. Eine reichhaltige, oft jedoch verwirrende Vielfalt von Praktiken und Philosophien wurde dann unter der Überschrift „Buddhismus" zusammengefaßt. Wir wollen nun auf dieses Vermächtnis an Materialien zurückgreifen und, während wir besonders ihre Beziehung zu den Phänomenen Angst und Flucht im Auge behalten, einige zentrale Aspekte dieses Pfades zur Erleuchtung betrachten.

4. Zufluchtnahme

Am Ende vieler buddhistischer Sutras, besonders der Pali-Texte, zeigten die Personen, an die sich die Belehrung richtete, ihre Hinwendung zum Buddha und seiner Lehre, indem sie die dreifache Zufluchtsformel sprachen:

> „Ich nehme Zuflucht zum Buddha,
> Ich nehme Zuflucht zum Dharma,
> Ich nehme Zuflucht zur Sangha."

Die Zufluchtnahme, die in dieser Formel ihren Ausdruck findet, ist die Grundlage für alle Übungen des buddhistischen Pfades. Manchmal wird sie auch als das „Eingangstor" zum Buddhismus bezeichnet. Die Zufluchtnahme markiert den entscheidenden Moment, in dem man Mitglied der buddhistischen Glaubensgemeinschaft wird. Indem wir uns Buddha, Dharma und Sangha zuwenden, werden wir zum Buddhisten.

Was bedeutet es, Zuflucht zu etwas zu nehmen? Normalerweise verstehen wir darunter, daß wir uns, um einer Gefahr zu entgehen, an einen sicheren Ort zurückziehen oder uns jemandem anvertrauen, der uns Schutz gewähren kann. In einem spirituellen Zusammenhang würde dies bedeuten, bestimmte Glaubenssätze anzunehmen und bestimmte Vorsätze zu fassen, um dafür ein Gefühl von innerer Sicherheit und Sinnhaftigkeit zu erlangen. Aber ist das bereits alles, was in der Zufluchtnahme zu Buddha, Dharma und Sangha enthalten ist? Geht es nur darum, unser Vertrauen in die buddhistischen Lehren zu bekunden? Oder beinhaltet sie, als Grundlage aller weiteren Übungen, vielleicht doch mehr?

Im Zusammenhang mit der vorliegenden Untersuchung ist die Etymologie des Wortes „Zuflucht" recht aufschlußreich. Es stammt vom lateinischen Wort *fugere* ab, was „flüchten" bedeutet. Die Verbindung zwischen den Worten *Flucht* und *Zuflucht* ist besonders in der deutschen

Sprache recht offensichtlich. Eine Zuflucht ist ein Ort, an den man sich in Zeiten der Gefahr flüchtet. Wir begegnen hier also aufs neue dem Phänomen der Flucht.

Wenn wir uns fürchten, fliehen wir zu einem Ort der Sicherheit. Wir suchen Zuflucht in einem Baum, einem Land, bei einer anderen Person oder einer Einstellung, die uns Sicherheit und Schutz gewährt. Wenn wir Angst haben, wenden wir uns der existentiellen Flucht zu. Wir haben dies bereits als ein unserem gegenwärtigen Leben zugrundeliegendes Muster erkannt. Unter seinem Einfluß fliehen wir zum Beispiel vor der Bedrohung durch den Tod und nehmen Zuflucht in der Welt der Dinge. Wir erkennen, daß das Phänomen der Zufluchtnahme uns nicht völlig fremd ist. Das Problem ist, daß uns unsere Zufluchtsobjekte normalerweise keine vollständige Zuflucht gewähren können. Wenn wir aus Furcht Zuflucht nehmen, ist dies nur innerhalb bestimmter Umstände effektiv. Die Zuflucht aus Angst – das sich Verlieren in der Welt der Dinge – kann uns jedoch letztlich nie die Sicherheit geben, die wir erhoffen. Angst kann uns immer wieder plötzlich aus unserer Selbstzufriedenheit aufschrecken, und der Tod wird schließlich immer eintreten, sosehr wir auch versuchen, ihn zu ignorieren.

Wie verhält es sich nun mit der Zufluchtnahme in Buddha, Dharma und Sangha im Vergleich zu unserer gewohnten, von Furcht und Angst verursachten Zufluchtnahme? Wovor suchen wir Zuflucht, wenn wir uns Buddha, Dharma und Sangha zuwenden? Und wie können sie uns wirksam Zuflucht gewähren? Erst durch die Beantwortung dieser Fragen werden wir ein klareres Verständnis von der Zufluchtnahme in die „Drei Juwelen" gewinnen.

In den Schriften des tibetischen Meisters Tsong Khapa, der im dreizehnten Jahrhundert lebte, wird der normalerweise als „Furcht" übersetzte Begriff *'jigs.pa.*, (sanskrit: *bhaya*) als eine der Ursachen für die Zufluchtnahme bezeichnet. In der traditionellen buddhistischen Terminologie wird jedoch nicht ausdrücklich von einem Unterschied zwischen Angst und Furcht gesprochen. Daher sollten wir uns fragen, ob mit *'jigs.pa.* ein normaler Zustand von Furcht gemeint ist oder ob der Begriff sich eher auf den existentiellen Zustand der Angst bezieht. Tsong Khapa sagt, daß das Objekt von *'jigs.pa.* kein bestimmtes Phänomen der Welt ist, sondern der Kreislauf von Geburt und Tod selbst. Daher können wir mit Sicherheit annehmen, daß „Angst" (statt Furcht) den Begriff *'jigs.pa.* treffender übersetzt. Denn der Kreislauf von Geburt und Tod (*samsara*) bezeichnet nicht ein einzelnes Phänomen der Welt, sondern ein bestimmtes Existenzmuster. Die Angst, die uns dazu bringt, Zuflucht in Buddha, Dharma und Sangha zu nehmen, ist nichts anderes als die Angst, auf die wir normalerweise durch Flucht in die Welt der Dinge reagieren.

Zuflucht in die Drei Juwelen zu nehmen ist eine bewußte Reaktion auf Angst. Sie stellt eine radikale Alternative zur größtenteils unbewußten Reaktion bei der existentiellen Flucht dar. Wenn wir die Zufluchtnahme, aufgrund der Etymologie des Wortes als eine Form der Flucht bezeichnen, müßte diese Flucht als eine kontrollierte und konzentrierte Handlung einer Person in ihrer Ganzheit angesehen werden, deren Resultat deren Vervollkommnung ist. Im Gegensatz dazu ruft die existentielle Flucht den Verfall der Persönlichkeit hervor. Anstatt daß wir unsere menschlichen Lebensbedingungen ablehnen, nehmen wir sie nun mit ihrer Endlichkeit und Verworrenheit an. Dieses vollständige Annehmen unserer selbst ist die Grundlage für einen sinnvolleren Umgang mit unserer Existenz. Solch ein Annehmen wird aber erst durch die Erkenntnis der Fruchtlosigkeit existentieller Flucht möglich.

Im Gegensatz zur existentiellen Flucht führt uns die Zufluchtnahme nicht in den Bereich der außerhalb von uns existierenden Dinge. Dies würde vielleicht passieren, wenn die Zufluchtnahme als eine Reaktion auf Furcht, statt auf Angst empfunden würde. Dann bestünde auch die Gefahr, das Zufluchtsobjekt des Buddha nur als bestimmtes Individuum anzusehen, das Zufluchtsobjekt Dharma als die Lehre dieses Individuums und das Zufluchtsobjekt der Sangha als eine bloße Gemeinschaft von Mönchen. Natürlich sind Buddha, Dharma und Sangha auch in der

Welt als Einzelphänomene vorhanden. Sie verkörpern sich in endlichen Personen, Lehren und Institutionen. Nur hierdurch werden sie für uns in unserer konkret-menschlichen Situation erreichbar. Aber es wäre ein Fehler, sie mit ihren vergänglichen Repräsentanten gleichzusetzen. Denn dann würden wir ihre wahre existentielle Beziehung zu unserem eigenen Leben außer acht lassen.

Da uns die Angst unsere Existenz in ihrer Gesamtheit erschließt, muß eine sinnvolle Antwort auf die Angst ebenfalls diese Gesamtheit umfassen. Die Zufluchtsobjekte, nach denen wir suchen, können nicht außerhalb von uns stehen oder unser Leben nur teilweise berühren. Sie müssen in einer direkten dynamischen Beziehung zu uns stehen. Damit sie uns wirklich Zuflucht gewähren können, müssen Buddha, Dharma und Sangha auf existentiell bedeutsame Weise mit uns in Verbindung stehen.

Zuflucht zu Buddha zu nehmen bedeutet nicht in erster Linie, sich dem historischen Buddha Shakyamuni zuzuwenden. Es bedeutet Zuflucht zur Buddhaschaft zu nehmen, d. h. zu dem Zustand, der zunächst von Buddha Shakyamuni und später von seinen Nachfolgern verwirklicht wurde. Die Buddhaschaft ist der optimale Seinsmodus, der innerhalb einer menschlichen Existenz erreicht werden kann. Sie ist ein Zustand, in dem die Fragen der menschlichen Existenz eine sinnvolle Lösung gefunden haben und die Möglichkeiten unserer Existenz auf höchster Ebene verwirklicht wurden. Daher sind der Buddha oder die Buddhaschaft keine von uns getrennt existierenden Phänomene. Sie bezeichnen die optimale Seinsweise, die wir selbst entwickeln können. Es geht hier um eine lebendige Möglichkeit, die sich ganz direkt auf unsere gegenwärtige Existenz bezieht. Die Zufluchtnahme in den historischen Buddha und seine Nachfolger ist nur von zweitrangiger Bedeutung. Durch sie wurde die Buddhaschaft in die konkrete Sphäre menschlichen Bewußtseins gebracht. Durch ihr Beispiel haben sie gezeigt, daß die Buddhaschaft eine lebendige Möglichkeit ist. Wenn wir Zuflucht in Shakyamuni nehmen, schreiben wir ihm jedoch damit nicht die Macht zu, uns auf wunderbare Weise zu erretten. Wir erkennen ihn damit nur als jemanden an, der uns durch sein Vorbild und seine Lehren den Weg zur Buddhaschaft weist.

Zuflucht zum Dharma zu nehmen bedeutet nicht, ein bestimmtes System von Glaubenssätzen und Dogmen zu übernehmen. Es beinhaltet vielmehr, sich einem Prozeß der Selbstverwirklichung zu verpflichten, der in der Buddhaschaft, der optimalen Seinsweise, gipfelt. Daher bezieht sich das Zufluchtsobjekt des Dharma auf den Pfad der Entwicklung selbst. Dieser Pfad ist jedoch keine abstrakte Abfolge von Schritten, die uns von hier zur Buddhaschaft führen. Er setzt sich aus verschiedenen Stufen tatsächlicher Einsichten und dem von diesen Einsichten getragenen Handeln in einer konkreten Welt zwischenmenschlicher Beziehungen zusammen. Wir selbst müssen ihn verwirklichen, wir müssen zu ihm *werden*. In diesem Sinne ist es das Dharma, welches uns die eigentliche Zuflucht gewährt, denn es weist uns den Weg aus unserer gegenwärtigen mißlichen Lage zu einem Zustand größerer Freiheit und Erfüllung. Das Dharma, dem wir uns zuwenden, ist daher aufs engste mit unserem eigenen Leben verbunden: Wir verpflichten uns dazu, ein dynamisches Existenzmuster zu verwirklichen. Andererseits nehmen wir auch Zuflucht zu den von Buddha und seinen Nachfolgern gegebenen Lehren und Ratschlägen. Dies sind die mündlichen und schriftlichen Anweisungen, durch die uns der Weg zur Verwirklichung des Dharma aus der persönlichen Erfahrung der Praktizierenden heraus beschrieben wird. Von ihrer eigenen Seite gewähren uns diese Darlegungen keine Zuflucht. Da sie aber ein unersetzliches Hilfsmittel darstellen, durch das wir uns das für unsere eigene Praxis notwendige Wissen aneignen, werden sie als Teil der Dharma-Zuflucht betrachtet.

Die Sangha gewährt uns die Zuflucht zu einer uns unterstützenden Glaubensgemeinschaft. Die Gemeinschaft besteht aus Männern und Frauen, die in ihrem Leben ebenfalls die Verwirklichung des Dharma anstreben. Mit diesen Menschen verbindet uns nicht nur ein bestimmtes

System von Idealen, sondern auch unsere gemeinsame existentielle Verpflichtung (in den Worten von Paul Tillich ausgedrückt: ein gemeinsames „letztes Interesse"). Wir erfahren die Unterstützung der Gemeinschaft, indem wir durch sie in einer lebendigen Beziehung zur Entfaltung spiritueller Erfahrung stehen. Traditionell wurde die Sangha von Mönchsgemeinschaften verkörpert, die die Kern- und Konzentrationspunkte der gesamten buddhistischen Gemeinschaft bildeten. Zuflucht in die Sangha zu nehmen bedeutet aber nicht nur, sich auf eine klösterliche Gemeinschaft zu stützen und für deren Fortbestehen zu sorgen. Wirkliche Zuflucht zur Sangha ist nur dann möglich, wenn wir selbst aktiv am inneren Leben der gesamten buddhistischen Gemeinschaft teilnehmen.

Durch die Zuflucht zu Buddha, Dharma und Sangha begeben wir uns an einen Ort, der uns Sicherheit und Schutz vor der Angst und den Wechselfällen des Kreislaufs von Geburt und Tod gewährt. Die hier gefundene Sicherheit ist keine durch Ignorieren dieser Phänomene gefundene Pseudo-Sicherheit. Im Gegenteil, durch diese Zuflucht finden wir Sicherheit und Schutz nur dadurch, daß wir einen klar definierten Rahmen finden, innerhalb dessen wir mit genügend Selbstvertrauen beginnen können, unserer Angst gegenüberzutreten und daran zu arbeiten, unsere negative Reaktion auf sie zu überwinden. Buddha, Dharma und Sangha sind im wesentlichen drei „Prinzipien", die als Objekte unseres letzten Interesses in einer direkten Beziehung zu uns stehen. Der Buddha ist das tiefere Ziel unserer Existenz, das Dharma ist der Prozeß, in dem wir dieses Ziel verwirklichen, und die Sangha ist die unterstützende Gemeinschaft, in der ein solcher Prozeß ermöglicht wird. Daher streben wir nach dem Buddha, unser Mittel ist das Dharma, und wir bewegen uns innerhalb der Sangha. Indem wir so unser Leben um diese drei Prinzipien herum aufbauen, sind wir fähig, eine Lebenshaltung einzunehmen, die die Endlichkeit und die Konflikte unserer Existenz annimmt und dennoch danach strebt, unser Potential auf die vollkommenste Weise zu verwirklichen.

Die Zufluchtnahme beinhaltet eine bestimmte existentielle Verpflichtung, die das völlige Gegenteil zur existentiellen Flucht darstellt. Diese Form von Verpflichtung besteht nicht nur daraus, eine bestimmte, von einem Glaubenssystem gestützte Weltsicht intellektuell zu akzeptieren. Es geht auch nicht nur um einen emotionalen Ausbruch frommer Überzeugungen. Diese Verpflichtung verlangt die Teilnahme unseres *gesamten* Wesens, nicht nur eines Teils unseres Wesens wie Intellekt, Wille oder Emotion. In diesem Sinne wird sie als „existentiell" bezeichnet. Solch eine Verpflichtung konfrontiert uns sehr direkt und bewußt mit der ganzen Realität unserer Existenz. Sie steht damit im Gegensatz zu dem unbewußten Vermeiden von Verantwortung für unser Schicksal, das das Hauptmerkmal der existentiellen Flucht ist. Sie formt dann unsere Existenz im Einklang mit einer Anzahl von Normen und Möglichkeiten. Wir verpflichten uns, einen bestimmten Gedanken- und Handlungskurs einzuschlagen, der ein bestimmtes Ziel verfolgt, sich an bestimmte Richtlinien hält und in der Gemeinschaft wirksam wird. Die mit der Zufluchtnahme einhergehende Verpflichtung ist ein „persönlicher Willensakt", der unser Leben in seiner Gesamtheit betrifft, so wie es uns von der Vergangenheit gegeben wird, wie es in der Gegenwart ist und in Zukunft werden kann. Die Zufluchtnahme ist daher mehr als ein Glaubensbekenntnis oder ein Entschluß. Sie beinhaltet eine völlige Umwandlung unserer Einstellung zur Existenz an sich.

5. Die buddhistische Praxis

Wenn wir die Lebensgeschichte des Buddha als Musterbeispiel einer spirituellen Entwicklung verstehen, konfrontiert sie uns mit den grundlegenden Fragen menschlicher Existenz und inspiriert uns, Antworten auf sie zu suchen. Auch die Erleuchtung des Buddha ist uns eine Inspiration; sie zeigt uns, daß es möglich ist, eine Lösung zu finden. Indem wir Zuflucht zu Buddha, Dharma und Sangha nehmen, steht uns ein formaler Rahmen zur Verfügung, innerhalb dessen wir Sicherheit finden und unserer Suche nachgehen können. Die Zufluchtnahme ist jedoch nur eine Grundlage, die uns hilft, uns mit einer gewissen Aussicht auf Erfolg auf den Pfad des spirituellen Wachstums einzulassen. Das Problem der Angst wird durch sie nicht sofort *gelöst*, wir *reagieren* nur in konstruktiver Weise auf die Angst. Auch das Phänomen der existentiellen Flucht wird nicht automatisch durch sie beseitigt, aber sie gibt uns die Kraft, uns in eine sinnvollere Richtung zu bewegen. Um das Problem der Angst tatsächlich zu lösen und die Tendenz zur Flucht zu überwinden, müssen wir Dharma in die Praxis umsetzen. Dies beinhaltet nicht nur, daß wir uns selbst kennen und akzeptieren, sondern auch, daß wir uns *ändern* müssen. Dies ist leichter gesagt als getan. Es ist ein Prozeß, der unser gesamtes Leben betrifft: Verhalten, Denken und Bewußtsein. Er geht mit Übungen einher, die sich nicht nur auf Meditation beschränken, sondern auch eine neue Art sozialer Bewußtheit und ein bestimmtes ethisches Verhalten einschließen.

Wenn wir Buddhismus praktizieren, werden wir immer wieder mit der Aufgabe konfrontiert, unseren Tendenzen zur existentiellen Flucht und zum Aufgehen in der Welt der Dinge entgegenzutreten. Solche Tendenzen zeigen sich in unserer allgemeinen Einstellung zu Leben und Tod, in schwierigen und leidvollen Situationen und auf der psychologischen Ebene in unserem alltäglichen Leben. Aber ihre Kontrolle über uns kann durch die verschiedenen in den buddhistischen Lehren dargestellten Methoden der Kontemplation und Meditation wirkungsvoll vermindert werden.

Anfänglich ist es wichtig, sich der grundlegenden Wirklichkeiten von Geburt, Krankheit, Alter und Tod bewußt zu werden. Solch eine Bewußtheit kann durch systematisches und regelmäßiges Nachdenken über diese Themen entwickelt werden. Ein Gewahrwerden des Todes ist in diesem Zusammenhang besonders wertvoll. Wir werden dazu ermutigt, wiederholt darüber nachzudenken, daß der Tod uns mit Sicherheit bevorsteht, daß die Zeit des Todes nicht feststeht und uns nur Dharma im Moment des Todes helfen kann. Die überwältigende Bedeutung des Todes und seine potentielle Allgegenwart haben ihre Entsprechung in der Zwanghaftigkeit unseres Versuches, ihn zu ignorieren und so weiterzuleben, als existierte er nicht. Wenn wir uns in die vorher erwähnte Kontemplation versenken, sickert die Gewißheit des Todes jedoch allmählich in unser Bewußtsein und verändert unser Gefühl davon, wie wir existieren. Das Resultat dieser Meditationen ist, daß wir uns unserer Lebendigkeit stärker bewußt werden. Dadurch werden die Fragen über Leben und Tod noch drängender und verstärken die Suche nach dem Sinn durch den Pfad des Dharma. Indem wir unsere Aufmerksamkeit dem Phänomen des Todes – sowie Geburt, Krankheit und Alter – zuwenden, läßt unser geistiges Beschäftigtsein mit den Dingen der Welt nach. Die Tendenz zur Flucht wird dadurch verringert, und das Gewahrsein unserer Existenz an sich schlägt Wurzeln in uns.

Ein ähnlicher Effekt wird auch durch das systematische Nachdenken über die Bedeutung von Buddhas Leben und durch die Zufluchtnahme in Buddha, Dharma und Sangha erreicht. Wenn wir nicht immer wieder über diese Themen nachdenken, besteht die Gefahr, daß unsere Achtsamkeit ihnen gegenüber degeneriert und sie für uns nur noch als Theorie oder Ritual existieren. Nur wenn wir sie uns immer wieder bewußt machen, wird ihr Sinn für uns lebendig erhalten und von existentieller Bedeutsamkeit bleiben. Wenn eine Erzählung aus Buddhas Leben jedoch zu einer bloßen Geschichte und die Zufluchtnahme zur mechanischen Wiederholung einer Formel wird, wird dies nicht länger den zweifachen Zweck dieser Praktiken erfüllen, nämlich der existentiellen Flucht entgegenzuwirken und uns eine neue Perspektive im Leben zu geben. Statt dessen werden sie zu weiteren Dingen, neben vielen anderen, und ihre wirkliche Bedeutung wird uns verlorengehen.

Die Tendenz zur existentiellen Flucht ist nicht nur ein Merkmal unserer allgemeinen Einstellung zu Leben und Tod, sondern kann auch als in jedem Moment auftretende psychologische Reaktion beobachtet werden. Normalerweise sind wir uns dieses Phänomens jedoch nicht bewußt. Oft erkennen wir nur, wenn wir uns willentlich darauf konzentrieren, zum Beispiel in der Meditation, wie wenig Kontrolle wir über unsere geistigen Prozesse haben. Wenn wir versuchen, unsere Achtsamkeit auf ein bestimmtes Objekt, wie zum Beispiel den Atem, zu richten, entdecken wir, wie schwierig es ist zu verhindern, daß der Geist sich in Erinnerungen, zusammenhangslosen Gedanken und Phantasien verliert. Oft verstreichen viele Minuten, bevor wir überhaupt *bemerken*, daß wir uns vom Objekt der Meditation entfernt haben. Je mehr wir uns unserer geistigen Prozesse bewußt werden, desto mehr erkennen wir, daß das, was wir vorher als schlüssiges und integriertes psychisches Kontinuum ansahen, eigentlich einen bruchstückhaften Charakter voller widersprüchlicher, miteinander in Konflikt stehender Elemente hat. Es wird immer offensichtlicher, daß das Bewußtsein jeden anderen Zeitpunkt dem gegenwärtigen Moment vorzieht. Ganz egal wie irrelevant oder absurd der Inhalt unserer Gedanken auch sein mag, wir fühlen uns wesentlich wohler, wenn wir uns in Erinnerungen an die Vergangenheit, Spekulationen über die Zukunft oder in Phantasien über eine Situation an einem anderen Ort versenken. Aber warum ist das so? Es sieht so aus, als erscheine uns der gegenwärtige Moment als irgendwie unangenehm oder bedrohlich. Warum sollten wir uns sonst so zwanghaft weigern, in ihm zu ruhen? Auch hier tritt das Phänomen der Flucht recht deutlich zutage. Aber wovor flüchten wir in diesem Fall? Genau wie sich uns unsere aus dem Nichts herausragende Existenz an sich erschließt, wenn wir das volle Ausmaß unseres Lebens von der Geburt bis zum Tod überblicken, wird uns unsere Existenz an sich im Gewahrsein des gegenwärtigen Momentes eröffnet – so wie sie aus dem „Nichts" der Vergangenheit und Zukunft herausragt. Der gegenwärtige Moment ist ein Mikrokosmos von Geburt und Tod. Unzweideutig zeigt er uns die gleichen unentrinnbaren Gegebenheiten unserer Existenz. Daher ist diese momentane psychologische Flucht aus dem Hier und

Jetzt eigentlich eine Facette der tieferliegenden existentiellen Flucht vor unserer Existenz an sich.

Um mit der Flucht auf dieser subtileren Ebene umzugehen, genügt bloßes begriffliches Nachdenken nicht. Wir müssen hier einen Zustand von höherer Achtsamkeit entwickeln. Diese Achtsamkeit sollte sich idealerweise nicht nur auf unseren eigenen Körper-Geist-Komplex beziehen, sondern auch auf die Totalität der in einer bestimmten Situation gegebenen Umstände. Das Ziel solch eines achtsamen Gewahrseins ist es, unsere Aufmerksamkeit im gegenwärtigen Moment zu zentrieren und damit unserem unkontrollierten Schwelgen in Erinnerungen, Phantasien und Projektionen entgegenzutreten. Es gibt uns auch eine bessere Kontrolle über die unvorhersehbaren Ausbrüche des Wunsches zu fliehen, da wir fähig werden, entsprechende Tendenzen im Moment ihres Entstehens wahrzunehmen, und sie dann abbrechen können, bevor sie außer Kontrolle geraten. Durch die systematische Entwicklung einer solchen Achtsamkeit können wir allmählich lernen, unsere gewohnheitsmäßige psychologische Tendenz zur Flucht zu überwinden, während wir uns gleichzeitig mehr im Gewahrsein unserer Existenz an sich verwurzeln.

Achtsamkeit (smtri/samprajanya) sollte hier klar von Konzentration (samadhi) unterschieden werden. Es stimmt zwar, daß die Entwicklung der Konzentration auf ein einziges Objekt die Ablenkung des Geistes vermindern und schließlich beenden kann. Dies bringt aber noch kein intensiveres Gewahrsein der Gegenwärtigkeit unserer Existenz an sich mit sich. Konzentration hält das Bewußtsein in einem Zustand passiver Versenkung. Obwohl sie dabei die Symptome der Flucht beseitigt, geht sie das Problem nicht von der Wurzel her an, was nötig wäre, um eine Heilung zu bewirken. Achtsamkeit dagegen enthält neben dem Element der Konzentration auch das Element der Einsicht oder Weisheit (prajna). Nur durch die Kraft der Weisheit kann die Bedeutung unserer Existenz letztlich verstanden werden. Durch Weisheit in Verbindung mit Konzentration wird Erleuchtung möglich, und erst dann kann die Antwort auf die Frage des Lebens selbst gefunden werden.

6. Weisheit

Die Entwicklung von Weisheit ist der Kern buddhistischer Praxis. Weisheit wirkt der uns an den leidvollen „Kreislauf von Geburt und Tod", an *Samsara*, bindenden Unwissenheit entgegen und überwindet sie schließlich. Die Weisheit ist der entscheidende Faktor beim Hervorbringen der Erfahrung der Erleuchtung, welche das Wesen, den Sinn und den Zweck unserer Existenz enträtselt.

Um ein klares Bild von Wesen und Funktion der Weisheit zu erhalten, ist es sehr hilfreich, das Wesen der Unwissenheit (*avidya*) zu verstehen, denn sie wird durch die Weisheit vertrieben. Auf diese Weise werden wir besser fähig sein, die Transformation zu beschreiben, die sie in unserem Leben bewirken kann. Im Buddhismus wird die Unwissenheit traditionell als das grundlegende Problem der menschlichen Existenz angesehen. Unter ihrem Einfluß nehmen wir fälschlicherweise an, daß wir selbst, andere und die Welt, in der wir leben, auf eine mit der Wirklichkeit nicht übereinstimmende Weise existieren. Unwissenheit verzerrt unsere Wahrnehmung und führt zu falschen Sichtweisen der Welt. Auf der Grundlage dieser Sichtweisen handeln wir natürlich unserer fiktiven Wirklichkeit gemäß. Solche Handlungen bringen uns nur Leid und Konflikt. Sie sind aus falschen Annahmen entstanden und veranlassen uns dazu, Ergebnisse zu erwarten, die die wirkliche Welt gar nicht hervorbringen kann. Solange wir den verzerrenden Einflüssen der Unwissenheit unterworfen sind, werden wir uns in bestimmten Denk- und Handlungsweisen verfangen, die unweigerlich unerwünschte Konsequenzen nach sich ziehen. Die Unwissenheit verzerrt also nicht nur unsere Sichtweise der Dinge, sondern drückt uns auch ein bestimmtes Verhaltensmuster auf.

Es gibt drei grundsätzliche falsche Vorstellungen, die Merkmale der Unwissenheit sind: Das Unbeständige für beständig zu halten, das Unbefriedigende für zufriedenstellend zu halten und das Nicht-Selbstexistente als selbstexistent anzusehen. Diese Vorstellungen erzeugen die Illusion, daß wir selbst und die Welt aus beständigen, befriedigenden und selbstexistenten Elementen zusammengesetzt sind. Intellektuell wissen wir vielleicht, daß diese Wahrnehmung nicht korrekt sein kann, aber trotzdem reagieren wir instinktiv so, als sei sie es, und führen ein entsprechendes Leben. Diese tiefsitzenden Verzerrungen unserer Wahrnehmung lassen eine fiktive Wirklichkeit entstehen, und indem wir uns ihr anheimgeben, geraten wir ständig in Konflikt mit der Realität der in Wirklichkeit unbeständigen, unbefriedigenden und nicht-selbstexistenten Phänomene.

Im Zusammenhang mit der Unwissenheit, wie wir sie eben beschrieben haben, wird Weisheit als der Faktor verstanden, der sieht, daß ein Irrtum vorliegt, und ihn überwindet, indem er ihm eine wahrheitsgetreue Wahrnehmung der Realität entgegensetzt. Dies kann dadurch erreicht werden, daß wir uns auf die Merkmale der Vergänglichkeit, Leidhaftigkeit und Nicht-Selbstexistenz konzentrieren. Je mehr sich das Gewahrsein dieser Aspekte der Wirklichkeit vertieft, desto weniger werden unsere Gedanken und Handlungen instinktiv von der Unwissenheit dirigiert. Da unser Verhalten dann immer mehr im Einklang mit der korrekten Sicht der Wirklichkeit steht, erfahren wir auch die Konflikte und Frustrationen nicht mehr, die aus unserer vorherigen verzerrten Vorstellung von der Welt entstanden sind. Auf diese Weise dient die Weisheit nicht nur dazu, einen Irrtum zu überwinden. Sie befreit uns auch, wenn wir sie durch die Disziplin der Meditation in unser Leben integrieren, von unserem Verfangensein in bestimmte, uns von Unwissenheit auferlegte Handlungsweisen und Erfahrungen.

Es besteht hier die Gefahr, daß die vorausgegangene Beschreibung so verstanden werden könnte, als seien Unwissenheit und Weisheit reine erkenntnistheoretische Kategorien, die in einer isolierten „rein geistigen" Sphäre anzusiedeln sind. Wenn wir jedoch unsere gelebte Erfahrung betrachten – spielen dann Unwissenheit und Weisheit wirklich nur in einer isolierten, geistigen Sphäre eine Rolle? Oder sind sie nicht vielmehr weit umfassender und ein Merkmal des Grundmusters unserer Existenz selbst? Wenn wir hier solche Fragen aufwerfen, wollen wir nicht die erkenntnistheoretische oder psychologische Bedeutung dieser Begriffe in Frage stellen, sondern vielmehr ihre existentielle Dimension untersuchen. Verstehen wir die Natur von Unwissenheit und Weisheit, wenn wir sie bloß als uns bindende oder befreiende geistige Funktionen betrachten? Nicht wirklich. Wir bekommen erst dann ein vollständigeres Bild, wenn wir auch die sie begleitenden gefühlsmäßigen und existentiellen Elemente einer näheren Betrachtung unterziehen. Um dies zu tun, werden wir nun ihre Rollen in bezug auf das Phänomen der Flucht untersuchen.

Wie bereits erwähnt, reagieren wir auf unsere grundlegende Angst, die angesichts von Geburt und Tod entsteht, mit existentieller Flucht. Diese Art von Flucht drängt uns dazu, in den Dingen der Welt aufzugehen und dabei die Dinge als unveränderliche, selbstexistente Realitäten zu betrachten – eine Vorstellung, die uns ein Gefühl von Sicherheit vermittelt. Diese falsche Sichtweise der Dinge ist das, was wir hier als „Unwissenheit" beschrieben haben. In Übereinstimmung mit der vorausgegangenen Diskussion entspricht die Unwissenheit der geistigen Einstellung eines Existenzmusters, dessen Gemütslage Angst und dessen Dynamik existentielle Flucht und das sich Verlieren in der Welt der Dinge sind. Wir könnten auch Angst als die Gemütslage der Unwissenheit betrachten und die existentielle Flucht und das sich Verlieren in der dinglichen Welt als ihre Dynamik. Wir können nun verstehen, warum sich dieses Existenzmuster mit dem buddhistischen Begriff von *Samsara*, dem „Kreislauf von Geburt und Tod", gleichsetzen läßt.

Nun wird uns die existentielle Dimension der Unwissenheit klarer. Unwissenheit ist nicht bloß eine isolierte geistige Einstellung, sondern eine Facette eines tieferen Musters oder einer Bewegung unserer Existenz. Diese Bewegung findet nicht nur im Geiste statt, sondern sie ist ein Merkmal unseres gesamten Seins in der Welt. Als Existenzmuster bringt uns die Unwissenheit jedoch keine Erfüllung und ist grundsätzlich frustrierend. Der Preis, den wir dafür bezahlen müssen, daß wir durch Flucht die Verantwortung für das vermeiden, was wir sind, ist, daß wir uns zu einer endlosen Serie von sich wiederholenden Dramen und Drehbüchern verpflichten, deren einziger Erfolg darin besteht, uns immer wieder zum Ausgangspunkt zurückzubringen. Dies ist ein typisches Merkmal des „Kreislaufs" von *Samsara*. Das durch die Flucht in Bewegung gesetzte Muster wiederholt sich immer wieder. Es gibt uns keine Möglichkeit, innerlich zu wachsen oder die Potentiale der menschlichen Existenz weiter zu verwirklichen. Wir sind in einem Teufelskreis aus Angst, Flucht, Dinglichkeit, Verwirrung und Unwissenheit gefangen.

Der Kreislauf, der mit dem Ausdruck *Samsara* beschrieben wird, ist von Entfremdung gekennzeichnet. Es handelt sich um ein Existenzmuster, in dem wir immer einen Schritt von der Unmittelbarkeit und Gegenwärtigkeit unseres Seins an sich entfernt sind. Während Angst und Flucht uns von uns selbst wegtreiben, erschaffen Dinghaftigkeit und Unwissenheit einen eingefrorenen, nur augenscheinlich sicheren Bereich, der völlig abgetrennt von der Welt, wie sie wirklich ist, existiert. Es sollte jedoch nochmals betont werden, daß die hier verwandten räumlichen Bilder, zum Beispiel „von uns selbst weggetrieben zu werden ... in einen von der Welt abgetrennten Bereich", eben die einzig möglichen Ausdrucksformen innerhalb unserer sprachlichen Begrenztheit darstellen und daher als Mittel der Beschreibung nicht zu vermeiden sind. In der Wirklichkeit hat der Zustand der Entfremdung keine „räumlichen" Merkmale. Wir sind auch nie wirklich von der Unmittelbarkeit unseres Seins an sich getrennt. Aber sobald wir Worte suchen, mit denen wir diese existentielle Situation beschreiben möchten, haben wir keine andere Wahl, als zu den hauptsächlich räumlichen und zeitbezogenen Begriffen zu greifen, die unsere Lexika füllen. Wir sprechen von „Distanz", wenn wir Entfremdung beschreiben; in Wirklichkeit ist natürlich nirgendwo ein Abstand zu finden. Diese paradoxe Situation wird in religiösen Schriften oft beschrieben. Der Zen-Meister Ta Hui sagt zum Beispiel:

„Genau weil sie so nahe ist, kannst du diese Wahrheit nicht aus den Augen verlieren . . . Aber wenn du versuchst, sie zu erkennen, indem du deinen Geist anstrengst, hast du bereits achtzehntausend Meilen danebengeschossen."[2]

Wenn versucht wird, *Samsara* in zeitlichen Kategorien zu beschreiben, wird der Ausdruck „Anfangslosigkeit" gebraucht. Diesen Ausdruck können wir als bloß zeitliches Merkmal *Samsaras* betrachten oder auch eher symbolisch interpretieren. *Samsara* ist in dem Sinn anfangslos, in dem alle Kreise anfangslos sind. Wenn wir davon sprechen, daß es keinen Anfang hat, könnte dies auch ein Versuch sein, mit Hilfe einer zeitlichen Kategorie auszudrücken, wie seine existentielle Struktur erfahren wird. Unwissenheit, Angst, existentielle Flucht und das sich Verlieren in Dingen „begannen" nie zu einem bestimmten Zeitpunkt, so wie andere Zustände in unserem Leben begannen. Sie waren immer als richtungsgebende Faktoren vorhanden, egal wie lange wir unsere Existenz zurückverfolgen. Ihre Anfangslosigkeit ist vielleicht eher mit der „anfangslosen" Qualität der Art von Schuld verwandt, die in keiner Beziehung zu einer bestimmten Verfehlung steht, wie sie in Kafkas Roman *Der Prozeß* beschrieben wird.

Wir haben nun die existentielle Dimension der Unwissenheit betrachtet und gesehen, daß sie sich aus Angst, Flucht und dem sich Verlieren in der Welt der Dinge zusammensetzt. Es sollte nun möglich sein, eine vergleichbare Dimension für die Weisheit zu finden. Wie Unwissenheit ist auch Weisheit im wesentlichen eine geistige Einstellung. Diese Einstellung ist jedoch kein isoliertes Phänomen, das bloß dazu dient, eine ihm entgegengesetzte Haltung zu korrigieren. Sie ist auch ein untrennbarer Teil eines bestimmten Musters oder einer bestimmten Bewegung der Existenz.

Wenn Unwissenheit mit Flucht vor uns selbst und dem sich Verlieren in der Welt der Dinge einhergeht, können wir folgern, daß Weisheit, als Umkehrung dieses Prozesses, eine *Rückkehr* zu uns selbst und eine

Offenheit dem Sein an sich gegenüber impliziert. Weisheit bewirkt allerdings nicht nur die Richtigstellung unserer verzerrten Wahrnehmungsweise, sondern eine grundsätzliche Neuorientierung dessen, wie wir in der Welt mit anderen sind. Wenn wir die Phänomene, sei es auch nur für einen Moment, so sehen, wie sie sind – nämlich immer im Wandel und abhängig entstanden, löst dies die Welt der isolierten Dinge aus ihrer Erstarrung, und wir begegnen uns selbst, anderen und der Welt neu. Statt auf die Verwirrung durch Geburt und Tod mit existentieller Flucht zu reagieren, beginnen wir uns nun in unserer Endlichkeit anzunehmen. Befreit von der zwanghaften Gewohnheit, unsere Aufmerksamkeit völlig in die Pänomene der Welt zu versenken und dabei das Ganze, von dem sie nur ein Teil sind, außer acht zu lassen, öffnet sich unser Geist nun dem Netz von Beziehungen, das den Dingen Bedeutung verleiht.

In den Beschreibungen religiöser Erfahrungen finden wir oft das Bild der „Rückkehr". Es ist, etymologisch betrachtet, sogar in dem Wort „Religion" enthalten, dessen ursprüngliche Bedeutung „Rück-Bindung" ist (an das, von dem man sich entfernt hat). In der jüdisch-christlichen Tradition wird dies besonders deutlich, wenn vom Sündenfall gesprochen wird, in dem der Mensch seinen ursprünglichen Zustand verläßt und der Sünde verfällt, um später auf einer höheren Ebene der Vereinigung zu Gott zurückzukehren. Im Buddhismus können wir diese Vorstellung von der Rückkehr ebenfalls finden, zum Beispiel in den Schriften der Zen-Tradition, wenn vom „Erwachen zu unserer ursprünglichen Natur" oder von der „Entdeckung unseres Gesichtes vor unserer Geburt" gesprochen wird. Solche Vorstellungen bergen natürlich die Gefahr in sich, als Teil eines tatsächlich in einer historischen Zeitperiode stattfindenden Prozesses mißverstanden zu werden. In Wirklichkeit geht es jedoch um die – den Begrenzungen jeder sprachlichen Formulierung unterworfene – Beschreibung der existentiellen Erfahrung unserer „Rückkehr" von einem Zustand des Nichtwissens zur Erkenntnis dessen, was wir sind und immer waren.

Durch Weisheit, insbesondere durch die Erkenntnis, daß alle Phänomene, wir selbst eingeschlossen, leer davon sind, unabhängig und selbstexistent zu sein, wird die Gemütslage der Angst überwunden und durch Gelassenheit ersetzt. Nur weil wir die Phänomene so wahrnehmen, als existierten sie aus sich selbst heraus und seien völlig beziehungslos, kann Angst entstehen. Wir erfahren Angst, da wir die Empfindung haben, aus dem Nichts herauszuragen, weil wir der Phantasie anhängen, wir seien beständig, unabhängig und selbstexistent. Sobald sich diese falsche Vorstellung aufgelöst hat, ahnen wir, daß Sein und Nicht-Sein, Leben und Tod sich nicht widersprechen, sondern notwendigerweise ergänzen. Angst ist nur ein Produkt eines in der Dualität verwurzelten Bewußtseins, das die Dinge nur im Sinne eines unvereinbaren Entweder-oder sehen kann. Wenn wir durch Weisheit das Prinzip der Nicht-Dualität begreifen, wird uns klar, daß jede Affirmation ihr Gegenteil einschließt und getrennt von ihm gar nicht existieren kann. „Nicht-Dualität" sollte nicht simplifizierend so interpretiert werden, als gäbe es keine Gegensätze im Leben und als wäre alles eins. Gegensätze sind ein unentrinnbarer Bestandteil der menschlichen Existenz. Das Problem entsteht nicht durch die Gegensätzlichkeit der Dinge, sondern durch unser Festhalten daran, daß jeder der Pole als inhärent getrennt vom anderen Pol existierend gesehen wird. Wir realisieren nicht, daß sie untrennbar voneinander sind.

Weisheit ist die geistige Einstellung eines dem *Samsara* entgegengesetzten Existenzmusters. Diese Seinsweise hat als ihre Dynamik ein Gefühl der Rückkehr und der Offenheit. Ihre Gemütslage ist die der Gelassenheit. Sie wird als befreiend empfunden, im Gegensatz zu den Gefühlen des Gefesseltseins und der Beschränkung im *Samsara*. Aber solange der theoretische Inhalt von Weisheit bloß ein Objekt intellektueller Spekulation bleibt, wird diese existentielle Dimension fehlen, ganz gleich wie gut man über den Buddhismus Bescheid weiß. Wollen wir die Implikationen der Weisheit in unser Leben einbeziehen, müssen wir sie ständig durch unsere Praxis der Achtsamkeit, Kontemplation und Meditation in unsere Erfahrung integrieren. Ansonsten wird sie zu einem entfremdeten und abgetrennten Wissensgebiet, das keinerlei transformierende Kraft besitzt.

Diesem Prozeß wird Widerstand von seiten unserer gewohnten Tendenzen zur Unwissenheit, Flucht und zum Aufgehen in den Dingen der Welt entgegengesetzt. Momente der Einsicht, begleitet von Gefühlen der Rückkehr, Offenheit und freudvollen Gelassenheit mögen in unserem Leben aufblitzen, um plötzlich und unerklärlicherweise wieder zu verschwinden. Was eben noch klar war, erscheint wieder verwirrend; was uns vorher eine mysteriöse und gleichzeitig wohlbekannte Tiefe offenbarte, zeigt uns nur noch die Fassade der Normalität; und was uns vorher ein Gefühl der Sicherheit vermittelt hat, bringt uns nun Unwohlsein. Die Praxis des Buddhismus ist aus der Spannung zwischen diesen beiden Mustern oder Bewegungen der Existenz geschmiedet: Dem einen, das uns in einem sich wiederholenden schmerzhaften Kreislauf gefangenhält, und dem anderen, das uns durch den Pfad des Dharma den Ausbruch aus diesem Kreislauf ermöglicht. Diesen Pfad kann niemand für uns gehen. Manchmal scheint er mit Hindernissen und unlösbaren Konflikten beladen zu sein. Aber manchmal wird er von Hoffnung erleuchtet, und der Weg liegt klar vor uns. Wie unüberwindlich uns die uns entgegenstehenden Hindernisse auch erscheinen mögen, wir sollten nicht vergessen, daß es niemanden gibt, der unseren Fortschritt behindert, wenn nicht wir selbst. Denn *jede* Situation im Leben bietet uns die Möglichkeit, entweder der Macht der Gewohnheit zu folgen oder zu versuchen, diesen Moment in die nicht wiederholbare Gegenwart zu transformieren, die er immer ist.

Anmerkungen

Kapitel I
1 Gabriel Marcel, *Philosophie der Hoffnung*, S. 64
2 Eine weitere Analyse dieser Unterscheidung finden Sie in Erich Fromm, *Haben oder Sein* und in Gabriel Marcel, *Sein und Haben*
3 T. S. Eliot, *The Hollow Men*, aus Collected Poems 1909-1962
4 Vgl. Matth. 21,12-14
5 Vgl. Paul Tillich, *The Dynamics of Faith*
6 Diese Erzählung kommt in Ashvaghosas *Buddhacarita* vor. Bestimmte Elemente dieser Geschichte sind eher das Ergebnis mythischer Imagination als historische Fakten. Siddharta war weder ein Prinz, noch war sein Vater ein König. Wahrscheinlich waren die Shakyas ein unabhängiger Stamm, der einer größeren Vereinigung angehörte, die von einem Ältestenrat regiert wurde, dem Vertreter der verschiedenen Stammesgruppen angehörten. Der Vater des Buddha war der Vorsitzende einer solchen Ratsversammlung, der den Titel *raja* (König) nur für die Dauer seiner Amtszeit annahm. Obwohl der Buddha wohl, gemessen an den Verhältnissen seiner Zeit, ein angenehmes Leben führte, sollte man daher nicht annehmen, daß er tatsächlich in einem Palast erzogen wurde.
7 *The Middle Length Sayings*, Übs. I. B. Horner Bd. 1, S. 207 (abgekürzt)

Kapitel II
1 Eine dem Buddha zugeschriebene Aussage. Zitiert in Tsong Khapa, *dran.nges.legs.bshad.snying.po.,* Gesammelte Werke, Bd. *pha,* S. 482.
2 Vgl. die Diskussion über das Konzept der Korrelation in Paul Tillich, *Systematic Theology,* Bd. 1, S. 59 ff., Dtsch. Ausgabe S. 74
3 Dieses Beispiel stammt aus William Barrett, *The Illusion of Technique,* S. 134
4 Vgl. Paul Tillich, *The Courage to Be,* S. 63-68
5 Ludwig Feuerbach, *Das Wesen des Christentums,* S. 39
6 Siehe auch Abschnitt 16

7 Vgl. Arnold Toynbee, *Mankind and Mother Earth*, S. 251, 272, 286, 292-3, 318-9
8 Vgl. N. Dutt, *Buddhist Sects in India*, S. 218 f
9 Vgl. F. D. Lessing und A. Waymann, *Introduction to the Buddhist Tantric System*, S. 22
10 Siehe auch Abschnitt 17
11 Dies ist eine Idee des protestantischen Theologen Rudolf Bultman. Vgl. John MacQuarrie, *An Existentialist Theology*, S. 5.
12 Vgl. John MacQuarrie, *Principles of Christian Theology*, S. 1

Kapitel III
1 Paul Tillich, *Systematic Theology*, Bd. 1., S. 30, Dtsch. Ausg. S. 76
2 Eine Enführung in die moderne Phänomenologie finden Sie zum Beispiel in Edmund Husserls Artikel, *Phänomenologie*, oder in William Barret, *The Illusion of Technique*, S. 116 ff
3 Vgl. John MacQuarrie, *An Existentialist Theology*, S. 30
4 Vgl. Paul Tillichs Diskussion der ontologischen Polaritäten der Individualisierung und Teilnahme. *Systematic Theology*, Bd. 1, S. 174 ff, Dtsch. Ausg. S. 209 ff
5 Die psychologischen Konsequenzen der Störung zwischen den Polen des Alleinseins und Mitseins, insbesondere in bezug auf die Schizophrenie, werden in R. D. Laing, *The Divided Self*, Teil 1, ausführlich erklärt.
6 Shanitdeva, *Eintritt in das Leben zu Erleuchtung* (Skt: *Bodhicaryavatara*, wörtlich übersetzt: Wegführer zur Lebensweise eines Bodhisattva), VIII, 33
7 Zur weiteren Klärung des Konzeptes der Faktizität siehe Martin Heidegger, *Sein und Zeit*, S. 191 ff
8 Nino Langgiuilli, *The Existentialist Tradition*, S. 11
9 Vgl. John MacQuarrie, *An Existentialist Theology*, S. 11
10 Vgl. Tsong Khapa, lam.rim.chen.mo, S. 117 ff und Heidegger, *Sein und Zeit*, S. 236 ff (besonders Abschnitt 51-52)
11 Heidegger, *Sein und Zeit*, S. 250
12 Vgl. Heidegger, *Sein und Zeit*, S. 175-180, für weitere Erklärungen zum Konzept des „Verfallens". Der in diesem Buch verwendete Begriff „Ding (der Welt)" entspricht Heideggers „das Seiende" im Gegensatz zu „das Sein".

13 Vgl. Heidegger, *Sein und Zeit,* S. 126-130
14 Tib: *ma.rig.pa,* Skt: *avidhya*
15 Das Sein (Tib: *chos.nyid,* Skt: *dharmata*) ist uns durch Unwissenheit verborgen, und unsere Aufmerksamkeit richtet sich ausschließlich auf die Dinge der Welt (Tib: *chos,* Skt: *dharma*).
16 Vgl. Heidegger, *Sein und Zeit,* S. 184-191 und sein Aufsatz *Was ist Metaphysik?*
17 Heidegger, *Sein und Zeit,* S. 191
18 Asvaghosa, *Buddhacarita,* Bd. 1 (meine Hervorhebung)
19 Heidegger, *Was ist Metaphysik?,* S. 23
20 Vgl. Geshe Rabten, *The Mind and its Functions,* S. 6
21 Ich interpretiere hier die buddhistische Vorstellung von Glauben (Skt: *sraddha,* Tib: *dad.pa*) als eine Synthese dreier Hauptaspekte: Wertschätzung (Tib: *dnag.ba* = *mos.pa*), Sehnsucht (Tib: *dod.pa*) und Überzeugung (Tib: *yid.ches*). Vgl. Geshe Rabten, *The Mind and its Functions,* Kp. 8. Abschnitt 1. Meine Interpretation ist von Tillichs Definition und Erklärung des Glaubens als „Zustand letztlicher Betroffenheit" beeinflußt. Vgl. die sehr bereichernde Darstellung des Themas in Paul Tillich, *The Dynamics of Faith.*
22 Vgl. Tsong Khapa, *lam.rim.chen.mo.,* S. 157 ff. Die Vorstellung, daß Hoffnung (Tib: *re.ltos.byed.paí.blo.*) das wesentliche Element bei der Zuflucht darstellt, stammt aus der tibetischen mündlichen Tradition.
23 Vgl. Maitreya, *Mahayanottarantrasasta,* 1:21

Kapitel IV
1 Martin Heidegger, *Sein und Zeit,* S. 123
2 Vgl. Martin Heidegger, *Sein und Zeit,* S. 121
3 Vgl. John MacQuarrie, *Principles of Christian Theology,* S. 123
4 Die Interpretation der griechischen Definition *zoion logon echon* stammt aus Martin Heideggers *Sein und Zeit,* S. 25. Den Ursprung der buddhistischen Definition, Tib: *smra.bshad.don.go,* konnte ich nicht herausfinden, obwohl sie in der mündlichen Tradition gebräuchlich ist.
5 Dhammapada, V. 166
6 Shantideva, *Eintritt..*,VIII:113

7 Mehr über den Erleuchtungsgeist (Tib: *byand.chub.kyi.sems,* Skt: *bodhicitta*) siehe Abschnitt 12; über Methode (Tib: *thab,* Skt: *upaya*) Abschnitt 15; und über den Form-Körper (Tib: *gzugs.sku,* Skt: *rupakaya*) Abschnitt 16.
8 Vgl. Shantideva, *Eintritt..,* VIII:90-187, siehe auch Abs. 12
9 Shantideva, *Eintritt..,* VIII:114
10 Shantideva, *Eintritt..,* VIII:99
11 Tib: *rang.gcez.'dzin*
12 Mehr Einzelheiten in Geshe Rabten, *The Mind and its Functions,* S. 88-107
13 Martin Buber, *Ich und Du,* S. 68
14 Eine weitere Diskussion des Gleichmutes vgl. Geshe Rabten, *The Life and Teachings of Geshe Rabten,* S. 154-159
15 Shantideva, *Eintritt..,* VIII: 95-96
16 Tib: *gzhan.gces.'dzin*
17 Shantideva, *Eintritt..,* VIII:94
18 Shantideva, *Eintritt..,* VIII:116 und vgl. VIII:109
19 Shantideva, *Eintritt..,* VIII:141
20 Mehr über sinnvolles Für-sich-sein (Tib: *rang.don.*) und sinnvolles Für-andere-sein (Tib: *gzhan.don.*) siehe Abs. 16

Kapitel V
1 Atisha, *byang.chub.lam.gyi.sgron.ma. (bodhipathapradipa)* V. 46
2 Tib: *sangs.rgyas.chos.dang.tshogs.kyi.mchog.rnams.la*
byang.chub.bar.du.bdag.ni.skyabs.sn.mchi.
bdag.gi.spyin.sogs.bgyi.pa'i.bsod.nams.kyis.
'gro.la.phan.phyir.sangs.rgyas.sgrub.par.shog.
Ursprung unbekannt, wird allgemein Atisha zugeschrieben.
3 Tib: *mthar.thug.theg.pa.gcig.* Skt: *ekayana*
4 Saddharmapundarikasutra, V. 44. Zitiert in Gampopa, *Juwelenschmuck der geistigen Befreiung,* S. 29
5 *Dhammapada,* V. 1
6 Weitere Erklärungen zur direkten Wahrnehmung (Tib: *rtog.mod.kyi.blo.*) und begrifflichen Wahrnehmung (Tib: *rtog.bcas.kyi.blo.*) finden Sie in Geshe Rabten, *The Mind and its Function,* S. 11-25.
7 Tib: *don.spyi*

8 Dieses Beispiel stammt aus S. H. Dalai Lama, Tenzin Gyatso, *The Buddhism of Tibet and the Key to the Middle Way,* S. 62
9 Tib: *mi.rtag.pa.rtag.par.'dzin.pa./ sdug.bsngal.ba.bde.bar.'dzin.pa./ bdag.med.pa.dbag.tu.'dzin.pa.*
10 Jean-Paul Sartre, *Der Ekel*
11 Wenn wir hier von Gemütslage sprechen, denke ich an Heideggers Begriff „Befindlichkeit". Siehe *Sein und Zeit,* S. 134-140
12 Tib: *bdag.'dzin.*
13 Tsong Khapa, *lham.rim.bsdus.don.*, Teil der Gesammelten Werke, Bd.kha,thor.bu. S. 134. Weiteres Material zur Konzentration und Weisheit siehe Geshe Rabten, *The Life and Teaching of Geshe Rabten,* S. 165-97 und Dalai Lama, *Key to the Middle Way* (siehe Anmerkung 8)
14 Vgl. Shantideva, *Eintritt..*, Kapitel V
15 Vgl. Shantideva, *Eintritt..*, V:12-24 und Kapitel VI
16 Shantideva, *Eintritt..*, VII:63, 66
17 Vgl. Shantideva, *Eintritt..*, Kapitel VII. Man könnte auch sagen, daß Begeisterung genauso zur Verwirklichung des authentischen Alleinseins, wie des authentischen Mitseins gehört. Diese Möglichkeit wird im Maitreyas *Mahayanasutralamkara*, XVI:7, wie in *Juwelenschmuck der geistigen Befreiung,* S. 162 bestätigt.

Kapitel VI

1 Eine Erzählung über Te-shan aus D. T. Suzuki, *Essays in Zen Buddhism*, 2. Serie, S. 51
2 Vgl. Maitreya, *Mahayanottaratantrashastra,* I:7
3 *Pitaputrasamagamasutra,* zitiert in Lama Tsong Khapa, *dbu.ma.dgongs.pa.rab.sgal.,* Gesammelte Werke, Bd. *ma,* S. 216
4 Vgl. Maitreya, *Mahayanottaratantrashastra,* I:7-8. Diese drei Merkmale sind jeweils in den Bodhisattva-Formen von Manjushri, Avalokiteshvara und Vajrapani verkörpert.
5 Tib: *mi.gnas.pa'i.mya.ngan.las'.das.pa.*
6 Ludwig Feuerbach, *Das Wesen des Christentums*, S. 70
7 Chandrakirti, *Madhyamakavatara*, I:18
8 Vgl. den biographischen Abschnitt in H. V. Guenther, *The Life and Teach-*

ings of Naropa. Von besonderer Bedeutung sind die Berichte über die Begegnungen zwischen Naropa und Tilopa, sowie Marpa und Naropa.
9 Ein bekannter Zen-Aphorismus

Anmerkungen zu FLUCHT

1 Kurz nachdem ich diesen Abschnitt geschrieben hatte, wurde eine Meinungsumfrage über den Atomkrieg in *Newsweek* (5. Okt. 1981) veröffentlicht. Auf die Frage „Welche dieser Aussagen gibt am ehesten ihre eigene Einstellung wieder?", ergaben sich folgende Antworten (die Hervorhebungen stammen von mir):
 – Ich denke oft über die Möglichkeit eines Atomkrieges nach und mache mir Sorgen. 18%
 – Ich bin besorgt über die Möglichkeit eines Atomkrieges, aber *ich versuche nicht daran zu denken.* 47%
 – Ich halte einen Atomkrieg nicht für wahrscheinlich, daher *mache ich mir keine Sorgen.* 32%
 – Ich weiß es nicht. 3%
 Betrachtet man das Ergebnis dieser Umfrage, scheint es, daß die Mehrheit der Amerikaner (79%) die Strategie geistiger Flucht angesichts der Möglichkeit eines solchen Krieges einschlagen.
2 Ta Hui, *Swampland Flowers: The Letters and Lectures of Zen Master Ta Hui.* Übers. C. Cleary, New York: Grove Press, 1977, S. 71

Bibliographie

(Die mit einem „P" markierten Eintragungen beziehen sich auf die Pekinger Ausgabe des tibetischen Tripitaka, die von der Suzuki Research Foundation, Tokyo-Kyoto, 1956 herausgegeben wurde.)

Asvagosha, *Buddhacarita*
Atisha, *byang.chub.lam.gyi.sgron.ma (bodhipathapradipa)* P
Barett, William, *The Illusion of Technique*, London: Wiliam Kimber & Co. 1979
Buber, Martin, *Ich und du*, Leipzig 1923
Buddha, *Saddharmapundarikasutra (dam.chos.pad.ma.dkar.poi.mdo.)* P 781, Bd. 30
–, *Dhammapada,* Tr. Narada Maha Thera, Calcutta: Mahabodhi Society, 1970
–, *Pitaputrasamagamasutra (yab.dang.sras.mjal.ba'i.mdo.)* P 760, Bd. 23
–, *Majjhima-Nikaya.* hrsg. u. übs. Horner, I. B., *The Middle Length Sayings*, London: Luzac, 1954
Chandrakirti, *Madyamamkavatara, (dbu.ma.la.'jug.pa.)* P 5262, Bd. 98
Dostojewski, F., *Der Idiot.* Übs. Arthur Luther, München: Winkler, 1959
Dutt, N., *Buddhist Sects in India.* Delhi: Motilal Banarsidass, 1978
Eliot, T. S., *Collected Poems* 1909-1962. London: Faber and Faber, 1974, Deutsch: T. S. Eliot, *Gedichte*, Frankfurt: Suhrkamp 1964
Feuerbach Ludwig, *Das Wesen des Christentums,* Stuttgart: Reclam 1974
Fromm Erich, *To Have or to Be?* New York: Harper and Row, 1976, Deutsche Ausgabe: Fromm, Erich, *Haben oder Sein*, Stuttgart: DVA, 1976
sGam.po.pa, *Juwelenschmuck der geistigen Befreiung.* Übers. u. hrsg. von Herbert Guenther. München: Diederichs, 1989
Guenther, H. V. *The Life and Teachings of Naropa.* London: Oxford University Press, 1963
Gytaso, Tenzin, H. H. the XIV Dalai Lama, *The Buddhism of Tibet and the key to the Middle Way.* Übs. Jeffrey Hopkins, London: George Allen and Urwin, 1975

Heidegger, Martin, *Was ist Metaphysik?*, Bonn: Cohen 1929
–, *Sein und Zeit*, Tübingen: Max Niemeyer, 1967
Husserl, Edmund, *Ideen zu einer reinen Phänomenologie,* Halle: Niemeyer 1922
Johnston, E. H. (hrsg. u. übs.), *The Buddhacarita.* Delhi: Notilal Banarsidas, 1972
Laing, R. D., *The Divided Self.* London: Pelican, 1965. Dtsch. Ausg.: *Das geteilte Selbst,* Übs. Tansella-Zimmermann, Köln: Kiepenhauer und Witsch 1972
Langiuilli, Nino (hrsg.), *The Existentialist Tradition.* New York: Anchor, 1971
Lessing, F. D. and Waymann, A., *Introduction to the Buddhist Tantric Systems.* Delhi: Motilal Banarsidass, 1978
MacQuarrie, John, *An Existentialist Theology,* London: Pelican, 1973
–, *Principles of Christian Theology.* London: SCM, 1966
–, *Twentieth Century Religious Thought.* London: SCM, 1963
Maitreya, *Mahayanasutralamkara (theg.pa.chen.po'i.rgyud. bla.ma'i.bstan.bcos.)* P. 5521, Bd. 108
–, *Mahayanottaratantrasastra (theg. pa.chen.po'i.rgyud. bla.ma's.bstan.bcos.)* P. 5525, Bd. 108
Marcel, Gabriel, *Sein und Haben,* Paderborn: Schönigh 1954
–, *Philosophie der Hoffnung,* München: List 1964
Rabten, Geshe, *The Life and Teachings of Geshe Rabten,* Tr. and ed. B. Alan Wallace, London: George Allen and Unwin 1980. Dtsch. Ausgabe: Rabten, *Leben und Lehren eines tibetischen Meditationsmeisters,* Hamburg, Papyrus 1981
–, *The Mind and ist Functions,* Übs. u. ed. Stephen Batchelor. Schweiz: Rabten Chöling, 1979
Sartre, Jean-Paul, *Der Ekel,* Reinbek: Rowohlt 1981
Shantideva, *Eintritt in das Leben zur Erleuchtung.* Übs. Ernst Steinkeller, München: Diederichs, 1989
Suzuki, D. T., *Essays in Zen Buddhism, 2nd Series,* London: Rider, 1970
Tillich, Paul, *The Courage to Be.* London: Rider, 1970. Dtsch. Ausg.: *Der Mut zum Sein.* Übs. Gerti Siemsen, Hamburg: Furche 1965
–, *The Dynamics of Faith.* New York: Harper and Row, 1958. Dtsch. Ausg.:

Wesen und Wandel des Glaubens, Berlin: Ullstein 1961
–, *Systamtic Theology* (3 Bände in einem) Chicago: The University of Chicago Press, 1967. Dtsch. Ausg.: *Systematische Theologie*, Übs. Albrecht u. a., Stuttgart: Evang. Verlags-GmbH, 1955
Toynbee, Arnold, *Mankind and Mother Earth*. London: OUP, 1976. Dtsch. Ausg.: *Menschheit und Mutter Erde,* Düsseldorf: Claasen 1979
Tsong Khapa, *dbu.am.dgongs.pa.rab.gsal.* Gesammelte Werke, Bd. *ma,* Delhi: 1979
–, *drang.nges.legs.bshad.snying.po.* Gesammelte Werke, Bd. *pha,* Delhi: 1979
–, *lam.rim.chen.mo.* Gesammelte Werke, Bd. *pa*, Delhi: 1979
–, *lam.rim.bsdus.don.* Gesammelte Werke. Bd. *kha,* Delhi: 1979

Glossar

Arhat (Skt.) Ein buddhistischer Heiliger, der durch das Erreichen von Nirvana die letztliche Befreiung erlangt hat und daher nicht mehr länger in Frustration und Leid von Samsara gefangen ist. Obwohl dieser Seinszustand auch dem Buddha eigen ist, steht er insbesondere für das Hinayana-Ideal eines Heiligen, im Gegensatz zum Mahayana-Ideal des Bodhisattva.

Ashoka (264-232 v. Chr.) Ein indischer König, der den Subkontinent politisch vereinigte und bekannt für seine Verehrung und Hilfe bei der Verbreitung des Buddhismus war.

Atisha (982-1054) Ein indischer Gelehrter und Heiliger, der Tibet im 11. Jahrhundert besuchte und dort die Kadampa-Schule gründete. Diese Schule war eine Reformbewegung, die versuchte, einen mittleren Kurs innerhalb der unterschiedlichen damals in Tibet vorhandenen Sekten einzuschlagen.

Bodhisatta (Pali) Siehe: *Bodhisattva*

Bodhisattva (Skt.) Das Ideal eines Heiligen des Mahayana. Ein Mensch, der den Erleuchtungsgeist *(bodhicitta)* entwickelt hat und sein Leben dem Erreichen der Buddhaschaft zum Wohle der anderen widmet.

Ch'an (chin.) siehe: *Zen*

Chandrakirti (600 n. Chr.) Ein indischer buddhistischer Gelehrter, der die Madhyamika-Philosophie von Nagarjuna erläuterte und weiterentwickelte.

Devadatta Der Vetter von Shakyamuni, der den Buddha verleumdete und versuchte, die Kontrolle über die buddhistische Sangha an sich zu reißen.

Dharma (Skt.) (1) Allgemein gesprochen das Ausüben von Religion; in unserem Zusammenhang die Praxis des Buddhismus. (2) Die Lehren des Buddhismus. (3) Alle existierenden Phänomene.

Dharmakaya (Skt.) Wörtlich: „Der Dharma-Körper". Das Buddha-Bewußtsein, der optimale Seinszustand für sich selbst. Siehe Abschnitt 16.

Gelukpa (Tib.) Die von Tsong Khapa begründete Tradition des tibetischen Buddhismus, die zur größten und mächtigsten Schule in Tibet wurde. Sie zeichnet sich besonders dadurch aus, daß Wert auf das Erlangen eines fundierten theoretischen Verständnisses gelegt wird, bevor ein Schüler zu höheren Formen der Meditation fortschreitet.

Gupta (Skt.) Der Name eines mächtigen indischen Reiches (320-490 n. Chr.)

Hinayana (Skt.) Wörtlich: „Das geringere Fahrzeug". Eine herabsetzende Bezeichnung der Anhänger des Mahayana für die früheren Schulen des Buddhismus, wie zum Beispiel die des Theravada. Diese Schulen wurden als „geringer" oder „minderwertig" angesehen, da sie die Abwendung des Arhat von der Welt als ihr Ideal ansehen, während die Mahayana-Schulen die aktive Teilnahme des Bodhisattva an der Welt propagieren.

Jataka (Skt.) Ein Teil der buddhistischen Schriften, in dem Geschichten aus den Vorleben des Buddha erzählt werden.

Koan (Jap.) Chinesisch: *Kung-an*. Wörtlich: „Eine öffentliche Angelegenheit". Normalerweise geht es hier um eine Anekdote über ein Zusammentreffen von Zen-Meister und Schüler, in der der Zen-Meister eine oft sehr paradoxe Antwort auf eine Frage des Schülers gibt, die diesen auf der Stelle zur Erleuchtung bringt. Der Hauptpunkt des Koans wird später im Zen-Buddhismus als Meditationsobjekt benutzt.

Kushana (Skt.) Der Name eines zwischen 48 und ungefähr 220 n. Chr. bestehenden indischen Reiches.

Mahasamgika (Skt.) Eine der achtzehn frühen Schulen des Buddhismus, die normalerweise dem Hinayana zugerechnet wird.

Mahayana (Skt.) Wörtlich: „Das große Fahrzeug". Die Bezeichnung für die späteren Schulen des Buddhismus, die das Ideal des Bodhisattva betonen. In systematischer Form begannen sie im ersten und zweiten Jahrhundert n. Chr. in Erscheinung zu treten. Diese Form des Buddhismus faßte vor allem in Tibet, in der Mongolei und in China Fuß. Heutzutage ist sie noch in Japan, Korea und Nepal vertreten.

Marpa (1012-1099) Der Gründer der Kagyupa-Schule des tibetischen Buddhismus, die, im Gegensatz zu den Gelukpas, den philosophischen Studien weniger Bedeutung beimißt und statt dessen zu einem frühen Einstieg in tantrische Meditationen ermutigt. Marpa war ein Schüler von Naropa (1016-1100) und der Lehrer von Milarepa (1052-1135).

Maurya (Skt.) Ein von Ashoka begründetes indisches Reich, das von 322 bis 232 v. Chr. existierte.

Nagarjuna (zirka 150 n. Chr.) Ein indischer Gelehrter und Heiliger des Buddhismus, der die Madyamaka-Philosophie von Shunyata begründete und zum Aufschwung des Mahayana beitrug.

Nibbana (Pali) Siehe: Nirvana

Nirvana (Skt.) Der von allen Bedingungen unabhängige Zustand des Aufhörens, in dem alle Wirkungen des Samsara aufgehoben sind. Es ist das Ziel des Arhats, in dem die Freiheit von allen samsarischen Belangen erlangt wurde.

Pali Kanon Die erste Zusammenstellung der Lehrreden des Buddha.

Rupakaya (Skt.) Wörtlich: „Der Formkörper". Die Art und Weise, wie Buddha sich für andere verfügbar macht, der Zustand des optimalen Für-andere-Seins. Siehe Abschnitt 16.

Samsara (Skt.) Der nicht-authentische Seinsmodus, in dem unsere Handlungen von den aus Unwissenheit *(avidhya)* entstandenen verzerrenden Vorstellungen *(klesha)* motiviert sind. Seine Merkmale sind Angst, Frustration und Leiden.

Sangha (Skt.) Die buddhistische Glaubensgemeinschaft. Insbesondere solche Personen, die auf dem Pfad der Erleuchtung weit genug fortgeschritten und fähig sind, andere zu leiten.

Saraha (zirka 100 n. Chr.) Ein bekannter indischer buddhistischer Meister des Tantra, wahrscheinlich der Lehrer von Nagarjuna.

Sarvastivada (Skt.) Eine der achtzehn frühen Schulen des Buddhismus, die normalerweise dem Hinayana zugerechnet wird.

Shakyamuni (zirka 500 v. Chr.) Wörtlich: „Der Mächtige des Shakya Klan". Der historische Gautama Buddha.

Shantideva (zirka 700 n. Chr.) Ein indischer Gelehrter und Heiliger des Buddhismus, der vor allem als Verfasser des *Wegführer zur Lebensweise eines Bodhisattva (Bodhicaryavatara)* bekannt wurde, einem Werk, das die Entwicklung des Erleuchtungsgeistes zum Thema hat.

Shravaka (Skt.) Wörtlich: „Ein Hörer". Eine Bezeichnung für bestimmte Schüler der Hinayana-Tradition, die ihre eigene Befreiung durch das Erlangen von Nirvana anstreben.

Shunyata (Skt.) Wörtlich: „Leerheit". Die Abwesenheit inhärenter Selbstexistenz; die letztliche Seinsweise aller Phänomene, durch deren Verständnis die Freiheit von Samsara erlangt werden kann.

Siddha (Skt.) Einer, der die Erleuchtung durch tantrische Praktiken erlangt hat.

Siddharta Der Name von Shakyamuni als Prinz, bevor er die Buddhaschaft erlangte.

Tantra (Skt.) In Hindu- und buddhistischen Traditionen vorkommende Praktiken, in denen bestimmte physische Energien benutzt werden, um Fortschritte auf dem spirituellen Pfad zu machen. Bei tantrischen Übungen werden Visualisierungstechniken, Mantrarezitation, der Atem und andere yogische Praktiken zur Hilfe genommen. Das buddhistische Tantra kam in den ersten Jahrhunderten n. Chr. auf.

Tathagata (Skt.) Wörtlich: „Der in die Soheit Gegangene". Eine Bezeichnung für den Buddha.

Theravada (Skt.) Eine der achtzehn frühen Schulen des Buddhismus, die normalerweise dem Hinayana zugerechnet wird. Die zur Zeit vorherrschende buddhistische Tradition in Burma, Thailand und Sri Lanka.

Tilopa (988-1069) Ein bekannter indischer Meister des Tantra, der Lehrer von Naropa. Siehe: *Marpa*

Tsong Khapa (1357-1419) Der Begründer der Gelukpa-Schule des tibetischen Buddhismus. Er systematisierte die Lehren von Atisha und versuchte die Sutra- (die exoterischen) und Tantra-Belehrungen des Buddhismus zu vereinigen. Eines seiner einflußreichsten Werke war: *„Die große Darlegung der Stufen auf dem Pfad zur Erleuchtung (lam.rim.chen.mo)."*

Zen (Jap.) Chinesisch: CH'AN. Eine Schule des Buddhismus, die von Bodhidharma im 5. Jahrhundert n. Chr. nach China gebracht wurde. Sie wurde u.a. von Meister Hui Neng (637-713) weiterentwickelt und betont die plötzliche Verwirklichung der Erleuchtung durch Meditation. Zur Zeit wird diese Form des Buddhismus vor allem in Japan und Korea praktiziert.

Über den Autor

Stephen Batchelor wurde 1953 in Schottland geboren. 1972 reiste er nach Indien und ließ sich in Dharamsala, der Exilhauptstadt des Dalai Lama, nieder. Er studierte drei Jahre lang Tibetischen Buddhismus in der „Library of Tibetan Works and Archives". 1974 wurde er als buddhistischer Mönch ordiniert. Im folgenden Jahr zog er in die Schweiz, wo er seine Studien der buddhistischen Philosophie und Psychologie unter der Leitung von Geshe Rabten fortsetzte. 1980 arbeitete er als Übersetzer im Tibetischen Zentrum Hamburg.

Von 1981 bis 1985 wurde er von Kusan Sunim im Songwang Sa Kloster, Südkorea, in Zen-Buddhismus ausgebildet. Er legte seine Roben 1985 ab und ging zusammen mit seiner Frau Martine nach England zurück, wo sie sich in der *Sharpham North Community* in Devon niederließen.

Stephen Batchelor arbeitet zur Zeit als freier Schriftsteller, Übersetzer und Herausgeber. Er hält Vorträge über Buddhismus und leitet Meditationsseminare in Europa und Amerika. Er ist der Direktor für die Konferenzen des Sharpham Trust, buddhistischer Geistlicher im Gefängnis von Channings Woods und ein Mitglied des Ausschusses des Schuhmacher College.

Weitere Veröffentlichungen des Autors

Als Autor:
Der große Tibet-Führer, Berwang 1988

The Faith to Doubt:
Glimpses of Buddhist Uncertainty
Berkeley: Parallax Press, 1990

Als Übersetzer:
A Guide to the Bodhisattva's Way of Life (Bodhicaryavatara)
Dharamsala: Library of Tibetan Works and Archives, 1979

Echoes of Voidness
London/Boston: Wisdom Publications, 1983

Song of the Profound View
London/Boston: Wisdom Publications, 1989

Als Herausgeber:
The Way of Korean Zen
New York/Tokyo: Weatherhill, 1985

The Jewel in the Lotus: A Guide to the Buddhist Traditions of Tibet, London/Boston: Wisdom Publications, 1987